De Cirkel Rond Maken

*Een empirisch
bewezen methode
om rust en harmonie
in het leven te vinden*

Michael Laitman, PhD

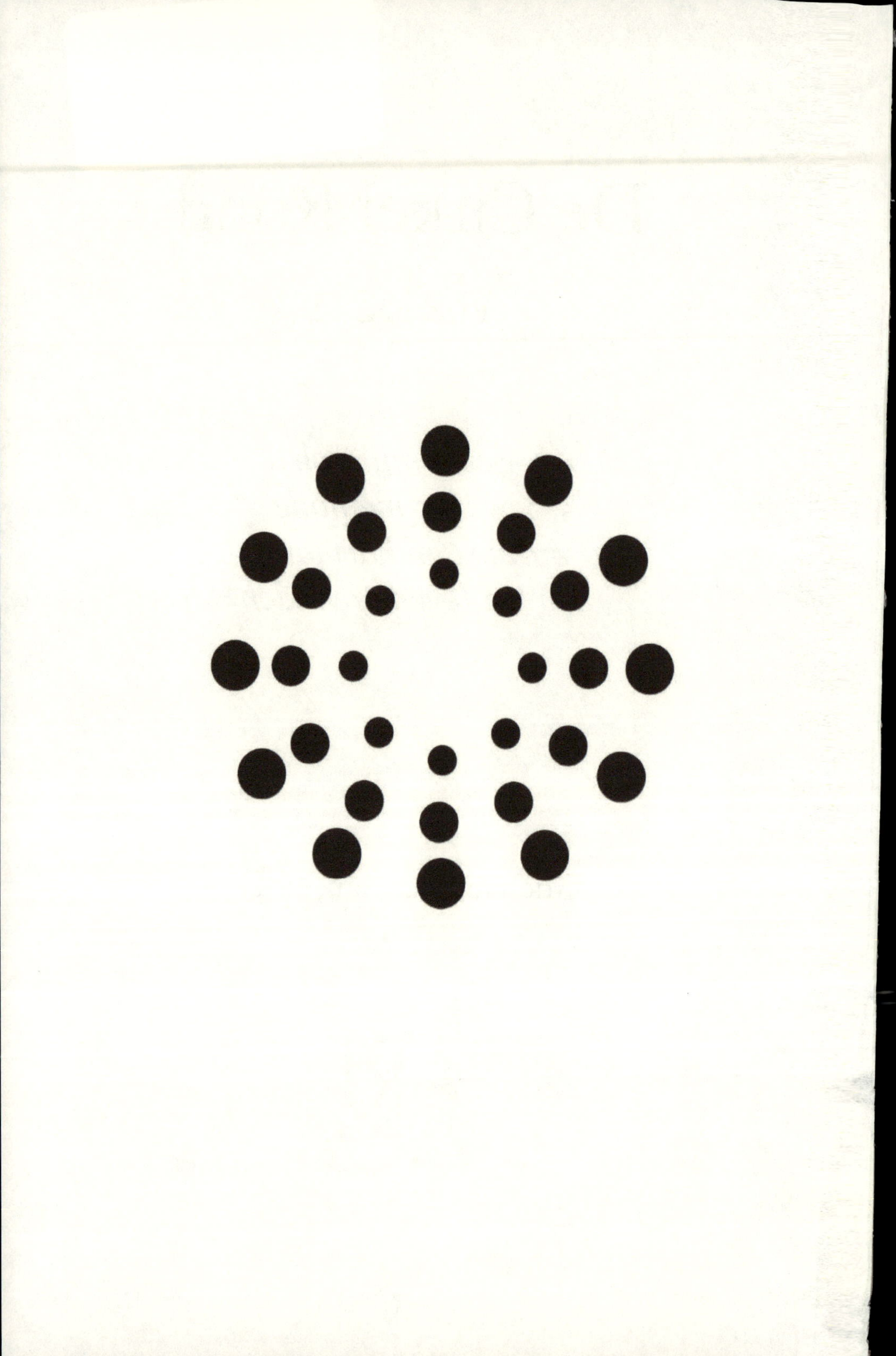

VOORWOORD

Nu de wereld op de automatische piloot tot rust komt, en zelfrijdende auto's en robots snel realiteit worden, moeten we ons voorbereiden op een heel andere toekomst dan we ons altijd hadden voorgesteld. Het is veel gemakkelijker om "koffie!" te zeggen en het op tafel te laten serveren, dan zelf naar de keuken te lopen, de waterkoker aan te zetten, koffie te pakken, het water te koken, het in een mok te gieten, er naar smaak melk en suiker aan toe te voegen en het naar de tafel te brengen. Het is ook veel veiliger en rustiger om een perfecte robot auto te hebben, die je naar je werk brengt en je later weer naar huis rijdt, dan om zelf te rijden en rekening te moeten houden met het verkeer en allerlei mogelijke gevaren.

Zullen robots en computers uiteindelijk alles overnemen wat we vandaag zelf doen? Zo ja, hoe zal ons leven er dan uitzien? Zullen er nog banen zijn als die dag komt? Zo niet, hoe betalen we dan het huis waar de robot voor ons koffie schenkt?

Er vinden overal veranderingen plaats. Een van de meest fascinerende aspecten van mijn werk als onderzoeker van de menselijke natuur is het identificeren van veranderingen en de vraag hoe we ons erop kunnen voorbereiden. Naar mijn mening staan we aan de vooravond van een verandering van ongekende proporties. Niet alleen technologische uitvindingen zullen de wereld veranderen, maar er zal een totaal nieuwe perceptie komen die zal bepalen hoe we ons tot onszelf en tot elkaar verhouden.

In de nieuwe wereld zal ons denken veel meer gericht zijn op 'wij' dan op 'ik'. Naarmate de globalisering vordert, raken we steeds meer in elkaars leven verstrengeld. In voor- en tegenspoed zullen we onderling verbonden zijn en ook van elkaar afhankelijk zijn. Deze verschuiving zal ongetwijfeld een diepgaande sociale impact hebben, maar we zijn nog niet klaar voor die verandering.

Als voorbereiding daarop ben ik begonnen met het ontwikkelen van een stappenplan om te leren omgaan met sociale transformaties. Ondanks het ambitieuze doel ervan gaat het over een verrassend gemakkelijke techniek die iedereen kan beoefenen. Het enige wat we nodig hebben voor een eerste ervaring is: nieuwsgierigheid, een paar bereidwillige mensen en iets minder dan een uur vrije tijd. Het is gemakkelijk en dat is één van de grootste voordelen, veel mensen kunnen ermee experimenteren, ze kunnen het ontwikkelen en er een wijdverbreid tijdverdrijf van maken. Op die manier kunnen we ons gemakkelijk en op een aangename manier aanpassen aan het leven in het nieuwe tijdperk. Dit boek presenteert de basis van die methode en enkele eenvoudige oefeningen die iedereen kan gebruiken.

INLEIDING

*"Ik heb lang geloofd dat deze onderlinge afhankelijkheid,
de nieuwe wereld definieert waarin wij leven."*

Tony Blair

Vele jaren geleden, toen ik nog jong was, hadden wij Woodstock. Mooie meisjes met bloemen in hun haar, Jimmy Hendrix, Joan Baez en harten die droomden van een ander, rechtvaardiger Amerika en een vreedzamere wereld. Toen Martin Luther King zei: "Ik heb een droom", geloofden we hem en we geloofden in zijn droom.

Niet alle protesten waren vreedzaam en niet alle marsen verliepen rustig, maar veel babyboomers denken met een nostalgische twinkeling in hun ogen aan de jaren zestig terug. Ondanks de protesten kregen we terecht de bijnaam 'flower power kinderen' en werden we geen 'misdadigers' genoemd, zoals sommigen van de hedendaagse relschoppers genoemd worden, of het nu wel of niet terecht is. De jaren zestig en begin jaren zeventig waren jaren van verandering, maar we geloofden in de toekomst, we waren hoopvol en dachten dat we alles konden verbeteren.

Toen de Occupy Wall Street (OWS)-beweging in 2011 ontstond, hing er opnieuw een gevoel van verandering en optimisme in de lucht. In de nasleep van de Grote Recessie en de financiële crisis waardoor de economie van de Verenigde Staten bijna crashte, eiste deze sociale beweging gelijkheid en economische rechtvaardigheid. Zoals met alles wat de media-aandacht trekt, verspreidde de beweging zich snel over de hele wereld en ontstonden er Occupy-tentenkampen in Londen, Madrid, Sydney, Tel Aviv en vele andere steden.

Rond diezelfde tijd braken er in de Arabische wereld veel minder goedaardige protesten uit.
De 'Arabische Lente' werd voor miljoenen mensen een voortdurende nachtmerrie toen er in Egypte, Syrië, Libië, Jemen en

vele andere landen gewelddadige revoluties en contra revoluties plaatsvonden.

Tegenwoordig horen we niets meer van de Occupy-beweging, niet in de Verenigde Staten en evenmin in Europa, maar de problemen waardoor deze beweging ontstond, wachten nog steeds op antwoord. Het optimisme van de bloemenkinderen is vervangen door apathie en ingetogen frustratie. Maar hoe langer het duurt voordat mensen antwoord krijgen op hun behoefte aan veiligheid, vertrouwen en zelfexpressie, hoe agressiever ze worden, want ze eisen dit op.

Tegenwoordig ondergaat het Amerikaanse sociale stelsel een test waarvan iedereen de uitkomst wel kan raden. In vergelijking met de jaren zestig lijkt het erop dat er iets strijdlustigs en zelfs sinisters is aan de rellen die we in sommige Amerikaanse steden hebben zien uitbreken. De pijn en de frustraties die tijdens deze protesten te zien zijn, zouden een dringende waarschuwing moeten betekenen voor iedereen die zich op onze planeet betrokken voelt.

Maar in Amerika is de last die mensen moeten dragen nog zwaarder: elke vorm van pijn en ontbering staat lijnrecht tegenover de '*Amerikaanse Droom*'. Ten gevolge hiervan hebben mensen niet alleen te maken met hun dagelijkse uitdagingen, ze zijn ook zo opgevoed dat ze zichzelf constant vergelijken met een onmogelijk ideaal, een spook dat hen overal achtervolgt. Elke keer als ze denken dat ze iets bereikt hebben, besluipt het spook hen en fluistert het: "Kijk eens naar de buren! Zij leven de Amerikaanse Droom en jij zit te slapen, klungel. Word eens wakker en zorg eens voor wat meer geld!"

James Truslow Adams, die de American Dream in 1931 definieerde in zijn boek *The Epic of America*, omschreef het als een "droom van een land waarin het leven voor iedereen beter, rijker en completer zou moeten zijn, met mogelijkheden voor iedereen, al naargelang iemands talenten of prestaties."

Hier zijn zoveel Amerikanen mee opgegroeid, zij probeerden deze

droom waar te maken, maar zij ontwaakten in de harde realiteit van
het leven en dit heeft een nationaal trauma veroorzaakt.
Zelfs toen al gaf Adams toe dat het "voor velen van ons uitputtend
was en dat wij wantrouwend werden". Als dit al in 1931 het geval
was, toen hij het boek voor het eerst publiceerde, hoe zouden wij
dan de ontgoocheling en frustratie moeten omschrijven die mensen
nu voelen?

Achter een waanbeeld aanlopen en blijven wedijveren met de buren
is niet alleen uitputtend en frustrerend, maar zet ook nog eens onze
manier van denken volledig op zijn kop, want dit alles bezorgt ons
een eindeloos, zinloos gevecht met de hele wereld. Stel je eens voor
dat je handen plotseling vergeten dat zij delen van je lichaam zijn
en ze zichzelf gaan zien als afzonderlijke mensen, Rechts en Links
genaamd. Voor je het weet gaan ze elkaar in naam van de vrijheid
van meningsuiting beledigen, onder het mom van gelijke kansen
met elkaar concurreren, en de zuurstof en de energie van het
lichaam gebruiken uit naam van vrije concurrentie. Maar wat
gebeurt er daarna met ons, met de rest van het lichaam? En wat zal
er uiteindelijk van Rechts en Links terecht komen? Zullen zij of het
lichaam overleven als een van hen het wint?

Als Rechts en Links de handen eens ineen zouden slaan en samen
zouden werken, daar zou iedereen baat bij hebben. Ze zouden niet
alleen ieder op zich gedijen, maar het hele lichaam zou gezond en
sterk worden en de rest van de organen zouden met plezier kunnen
bijdragen aan het gemeenschappelijke succes met een
gemeenschappelijk doel: het lichaam ondersteunen.

We kunnen de Amerikaanse samenleving met dat lichaam
vergelijken en ieder mens daarin met die handen. Net als Rechts en
Links hebben wij het contact met de realiteit verloren en zien we
onszelf als eenzaam, vervreemd en geïsoleerd. Maar de waarheid is
dat wij, alleen al door eraan te denken, het hele sociale stelsel in
Amerika steeds dichter bij een ineenstorting brengen.

"Niemand is een eiland op zich, niemand is compleet als eenling;
ieder mens is een deel van het continent, een stukje van het grote

geheel", schreef John Donne in 1624. Als we Rechts en Links er maar aan blijven herinneren dat ze delen van hetzelfde lichaam zijn, komt alles goed.
Als we ons ook blijven herinneren dat "niemand een eiland op zich is", zal alles goed komen in onze wereld.

In *The Epic of America* schreef Adams dat de Amerikaanse Droom "niet alleen een droom van auto's en hoge lonen is, maar ook een droom van sociale orde, waarin elke man en elke vrouw in staat zal zijn om het volledige potentieel te bereiken waartoe ze van nature in staat zijn, en anderen zullen zien wat zij werkelijk zijn." Met alle materiële overvloed die Amerika creëert en de eindeloze mogelijkheden die er aangeboden worden voor persoonlijk welzijn, is er, om allemaal gelukkig te zijn, niets anders nodig dan ons te herinneren dat we allemaal organen van hetzelfde lichaam zijn en dat geen enkel orgaan echt gelukkig kan zijn als alle andere organen ook niet gelukkig zijn.

Als er bijvoorbeeld een doorntje in mijn teen blijft steken, voel ik me niet op mijn gemak voordat ik het eruit getrokken heb. Wij kunnen dus niet gelukkig zijn voordat we allemaal gelukkig zijn. Dit is misschien nog niet voelbaar, maar we naderen snel een situatie waarin we ons ervan bewust zullen worden dat we allemaal in één boot zitten, dat we ofwel allemaal met elkaar varen, óf allemaal zullen verdrinken.

Ondanks de duidelijke voordelen van een holistische benadering, zijn we nog steeds vergeten dat we allemaal met elkaar verbonden zijn. Dat is geen bewuste beslissing, maar het lijkt een natuurlijke manier van denken om onszelf als afzonderlijke individuen te beschouwen.

Dit zou geen enkel probleem zijn als het niet volledig tegengesteld zou zijn aan de werkelijkheid. Het eten op onze tafel komt uit de hele wereld en hetzelfde geldt voor de kleding die wij dragen en de gadgets die we voor communicatie en entertainment gebruiken. Het idee dat we alles alleen kunnen regelen, is waarschijnlijk de grootste absurditeit van het leven, maar we komen allemaal in die valkuil terecht.

Als een éénjarige dreumes haar eerste stapjes zet, juicht iedereen en voelt ze zich de beste van de hele wereld. Maar is ze nu onafhankelijk geworden? Kan ze in haar eentje overleven?
Wij zijn niet zoveel anders. Dat we naar de supermarkt kunnen gaan om onze boodschappen te doen, wil niet zeggen dat we voor onszelf kunnen zorgen. Een denkbeeldige 'ouder' bracht alle boodschappen naar de winkel en wij gaan er alleen maar heen om alles op te halen. Toegegeven, we werken voor het geld om boodschappen te kunnen doen, maar zelfs het feit dat we een baan hebben, is niet onze onafhankelijke keuze, maar een omstandigheid die ons wordt opgelegd door iets vaags dat we het 'leven' noemen.

We zijn niet uniek in onze verbondenheid en afhankelijkheid van elkaar. Elk levend wezen is voor zijn voortbestaan afhankelijk van zijn omgeving. Waar we wel uniek in zijn, is ons verzet tegen onze afhankelijkheid. Elk dier accepteert het feit dat het afhankelijk is en leeft op die manier. Maar wij verzetten ons vol tegenzin en fronsen onze wenkbrauwen bij de noodzaak om de invloed van andere mensen op ons leven te erkennen. Wij leven namelijk volgens dezelfde principes van onderlinge afhankelijkheid als de rest van de natuur, maar terwijl alle andere schepselen dit als een natuurlijk gegeven beschouwen, nemen wij er op een bepaalde manier aanstoot aan. Dit maakt ons leven ingewikkeld en ook moeilijk.

Op zich is onderlinge afhankelijkheid niet moeilijk, maar we ervaren het wel zo, omdat we naar onafhankelijkheid hunkeren en onze eigen mening willen vormen. Wat ons dwars zit, is niet zozeer onze afhankelijkheid van anderen, maar onze weerzin ertegen, onze drang om ons van iedereen af te scheiden, wat per definitie onmogelijk is.

Het lijkt alsof we gedoemd zijn om voor eeuwig te lijden, maar zo is het in werkelijkheid niet. Elk systeem heeft nu eenmaal zijn wetten. Zonder wetten zou er geen enkel systeem kunnen bestaan, maar alleen maar chaos. Het is de kunst om te leren hoe we deze wetten in ons voordeel kunnen aanwenden. Wanneer NASA ruimtevaartuigen in de ruimte lanceert, vertrouwt het op een manoeuvre genaamd 'zwaartekrachtslinger' om de snelheid van de ruimtevaartuigen te verhogen met een minimale hoeveelheid brandstof. Men doet dit om te profiteren van de beweging en de zwaartekracht van de planeten die zich in de baan van het ruimtevaartuig bevinden. Op dezelfde manier zullen wij, als we accepteren dat onderlinge afhankelijkheid een natuurwet is, in staat zijn om dit in ons voordeel te gebruiken.

Mensen zijn echter geen gewone dieren, maar dieren met een ego. Ons ego zorgt ervoor dat we ons uniek voelen en daarom niet graag afhankelijk willen zijn van anderen. De enige manier waarop we onszelf ervan kunnen 'overtuigen' dat onderlinge afhankelijkheid ook voor ons heilzaam is, werkt als we onze ego's laten zien dat ze er baat bij hebben. Net zoals elk orgaan in ons lichaam uniek is, is dat orgaan ook een vitaal onderdeel van een groter geheel, en het geheel voorziet het deel van alles wat het nodig heeft voor zijn voortbestaan en welzijn. Zo is ook ieder mens op deze planeet uniek en essentieel voor het geheel van de menselijke samenleving, en de menselijke samenleving voorziet ieder van ons van wat we nodig hebben voor ons voortbestaan en onze zelfverwezenlijking. Dit concept is de essentie van het stappenplan dat ik in het voorwoord noemde.

Als we de grote complexiteit van onze innerlijke verbindingen volledig begrijpen, zullen we ook weten hoe we moeten werken om de volledige controle over ons leven te krijgen. Om dat te kunnen doen, moeten we ons eerst realiseren dat in een systeem waar alle onderdelen met elkaar verbonden zijn, geen enkel onderdeel belangrijker of minder belangrijk is. Elk deel heeft zijn unieke rol en is in gelijke mate essentieel voor het succes van alle andere onderdelen. Dit is de unieke gelijkwaardigheid in de natuur.

Het actieplan steunt op die gelijkheid als basis voor alle menselijke interacties. Daarom heb ik het 'Integrale Educatie' (IE) genoemd. Integraal, betekent *geheel, allesomvattend*, en educatie betekent dat we onszelf leren om integraal te denken, in de plaats van onze huidige egocentrische denkwijze. Deze unieke gelijkwaardigheid is ook de reden waarom het primaire element in IE de verbindingscirkel (CC) is: waar geen hoofd van de cirkel aanwezig is, is geen enkel deel belangrijker, elk deel is even essentieel voor de volledigheid van de cirkel, maar elk afzonderlijk punt in de cirkel is wel verschillend.

Om de uitleg wat duidelijker te maken, heb ik het boek in twee delen verdeeld. Deel één gaat dieper in op de ideeën achter IE en legt uit wat de principes zouden moeten zijn die het ons mogelijk maken om het egocentrische denken te overstijgen. Hierdoor kunnen we genieten van de voordelen van het ervaren van de wet van de verbinding.
Deel twee biedt praktische voorbeelden en oefeningen die we allemaal kunnen uitproberen, ze zijn behulpzaam om deze nieuwe vorm van verbondenheid te ervaren.
Laten we dus nu zonder verder te aarzelen beginnen.

DEEL 1

WE ZITTEN ALLEMAAL
IN
ÉÉN BOOT

HOOFDSTUK 1
WAAROM WE DE
HELE WERELD NODIG HEBBEN
OM EEN POTLOOD TE MAKEN

"We zitten allemaal in één boot, één wereldeconomie. Ons gezamenlijk vermogen stijgt of daalt … Wij hebben een collectieve verantwoordelijkheid om een meer stabiele en welvarende wereld tot stand te brengen, een wereld waarin ieder mens in elk land zijn volledige potentieel kan bereiken."

Christine Lagarde,
Managing Director van het Internationale Monetaire Fonds (IMF)

Als je kinderen hebt, weet je waarschijnlijk wel hoe het voelt als ze naar je toe komen en zo hard huilen dat ze nauwelijks adem kunnen halen, laat staan praten.
Je wilt heel graag weten wat er is gebeurd, maar het eerste wat je doet, is je huilende kind knuffelen en zachtjes zeggen: "Rustig, rustig maar mijn lieve kind, het is oké," hoewel je weet dat het niet zo is. Als ze dan eindelijk stopt met huilen, vraag je zachtjes: "Kun je me nu eens vertellen wat er is gebeurd?"

In 2011 leek de mensheid op dat huilende kind. De wereldwijde onrust van 2011 heeft de wereld voor altijd veranderd. In veel landen gingen miljoenen mensen de straat op: van de Arabische Lente in het Midden-Oosten tot en met de Occupy beweging in de Verenigde Staten en in Europa.
Overal waar de 'sociale storm' toesloeg, kwamen er verlangens naar sociale rechtvaardigheid en gelijkheid uit de menigte.

Mensen begonnen oplossingen voor hun problemen op te eisen, ze wilden veranderingen. Ze konden hun verlangens niet onder woorden brengen, maar een diep gevoel dat ze heel slecht behandeld werden, bracht hen ertoe om actie te ondernemen, om de straat op te gaan en te protesteren, waarbij ze soms hun leven riskeerden.

Wat was de oorzaak van al die protesten? Waarom barstten ze uitgerekend op dat moment los? Waarom gebeurde het vrijwel tegelijkertijd op zoveel plaatsen, alsof ze elkaar van energie voorzagen?

We leven in een tijd waarin grenzen niet meer dan een verzinsel zijn. Internet kent geen grenzen en informatie en ideeën reizen bijna net zo snel als de snelheid van een gedachte de wereld rond. Om te kunnen begrijpen hoe de dingen werken in een tijdperk van verbinding, moeten we de mensheid vanuit vogelperspectief bekijken, in plaats van ons te concentreren op elk afzonderlijk deel van de mensheid, wat tot de huidige wereldwijde crisis heeft geleid.

Wat is een Crisis?
Merriam-Webster's Woordenboek definieert de term 'crisis' als
"Het keerpunt voor iets beters of slechters". Ook als "Het
beslissende moment" en "Een onstabiele of cruciale tijd of stand
van zaken, waarin er een beslissende verandering op handen is" of
"Een situatie die een kritieke fase heeft bereikt."

In het Grieks betekent *krisi* letterlijk 'beslissing', van *krinein*,
'beslissen'.

Sinds het uitbreken van de wereldwijde financiële crisis in 2008 is het steeds duidelijker geworden dat we ons op een historisch omslagpunt bevinden. Het aantal echtscheidingen stijgt enorm en veel mensen willen niet trouwen of een gezin stichten. Drugsmisbruik neemt toe en geweld en misdaad gaan gewoon door, ondanks het feit dat de Amerikaanse gevangenisbevolking de afgelopen vijftien jaar meer dan verdubbeld is. Het onderwijssysteem staat voor tal van uitdagingen, zoals het wordt beschreven door John Ebersole, president van het Excelsior College: "De stromingen van verandering hebben de sector van de ene hindernis naar de andere gedreven."

Persoonlijke onveiligheid is ook een probleem. Het is niet zo'n bekend feit, maar tegenwoordig zijn er meer wapens in handen van de Amerikaanse burgers dan er Amerikaanse burgers zijn, zichzelf bewapenen gaat gewoon door.
Als je al deze informatie beschouwt, is het niet verrassend dat "bijna veertig procent van de bevolking aan psychische aandoeningen lijdt".

Tot voor kort ontwikkelde de mensheid zich geleidelijk, van generatie op generatie, in de overtuiging dat onze kinderen een beter leven zouden hebben dan wij. Dit gaf ons troost en hoop. Maar tegenwoordig lijkt de toekomst er niet zo rooskleurig uit te zien, aangezien veel ouders het nare besef hebben dat hun kinderen misschien een slechter leven zullen hebben dan dat van hen. Het lijkt erop dat de mensheid is overgeschakeld op een crisismodus …

Globale Ketens
En Ketting Reacties

"Er bestaat niemand van jullie wiens acties geen effect hebben op de acties van anderen… Je kunt niet voor jezelf leven, want duizenden vezels verbinden je met je medemensen, en langs die vezels - zoals de verbindingen in het sympathisch zenuwstelsel - hebben jouw handelingen gevolgen en keren ze in de vorm van resultaten naar je terug."

Henry Melvill,
directeur van het East India Company College

De afgelopen decennia is de mensheid steeds meer met elkaar verbonden geraakt. Dankzij onze geglobaliseerde economie kunnen we goedkope goederen en diensten kopen uit andere landen of ze verkopen aan landen die ze niet zelf kunnen produceren.
Tegenwoordig kan je overal ter wereld alles krijgen, van kleding tot gadgets en zelfs universitaire graden.

Als je kind bijvoorbeeld een nieuw potlood nodig heeft voor school - je weet het misschien niet - heeft de hele wereld meegewerkt aan de productie ervan. In eerste instantie lijkt het misschien niet zo, maar als we alleen al het productieproces van grafiet als voorbeeld nemen (het grijze materiaal in de meestal gele behuizing), zul je zien wat ik bedoel.

Grafiet wordt meestal opgegraven in China of India, of ook wel in Brazilië, daarna wordt het verscheept naar de plek waar het wordt verwerkt, met klei vermengd en in het omhulsel gedaan. Bij dit productieproces zijn veel machines betrokken die in verschillende landen worden gemaakt. Een dergelijke machine bestaat uit allerlei materialen, er zijn computers voor nodig, programmeurs, assemblagelijnen, enz. voor het maken van de machine, en tenslotte leidt dit tot het grafiet dat je kind uiteindelijk in handen krijgt.

Als je het verschepen van de materialen meetelt, zoals het grafiet, de klei waarmee het wordt vermengd en het transport van de machines die zijn gebruikt om het te produceren ... bedenk dan ook eens wat er allemaal nodig is om schepen te bouwen of vliegtuigen voor het transport. Kortom, zelfs het maken van zoiets eenvoudigs als het grijze materiaal in het potlood, vereist de betrokkenheid van de hele wereld. Als er maar één van de elementen in deze keten vertraagt, zal de productie van potloden voor miljoenen kinderen langer duren of zelfs worden stopgezet.

Met deze situatie in gedachten stelde prof. Ian Goldin van de Universiteit van Oxford en voormalig vicepresident van de Wereldbank in een lezing het volgende: "De globalisering wordt complexer en deze verandering gaat steeds sneller. De toekomst wordt steeds meer onvoorspelbaar ... Wat op één plek plaatsvindt, beïnvloedt heel snel al het overige. Dit is een systeemrisico."

De verwoestende aardbeving en de tsunami waardoor Japan op 11 maart 2011 getroffen werd, is een duidelijk bewijs van wat er met systemen kan gebeuren als een deel ervan wordt beschadigd. De tsunami belemmerde nog maandenlang na de ramp de productieketen en de import van auto's en auto-onderdelen uit Japan naar de Verenigde Staten.

Het voortdurende getouwtrek tussen Griekenland en de economische machten van de Eurozone is eveneens een voorbeeld van onderlinge economische afhankelijkheid. De Griekse economie staat min of meer stil sinds de financiële crisis van 2008. Griekenland ontving miljarden dollars aan leningen, maar men kan het niet terugbetalen. Als gevolg hiervan blijft de Griekse regering vaak in gebreke met het aflossen van haar schuld en dreigt zij de eurozone te moeten verlaten, waardoor het innen van de schuld een hopeloze kwestie zal worden.

Als dit zou gebeuren, zal er een emotioneel debat plaatsvinden rond de vraag: "Wat zal er gebeuren als en wanneer Griekenland de eurozone verlaat?" Het lijkt erop dat zo'n arm land, met zo'n kleine economie, nauwelijks invloed zou hebben op de rest van het Europese blok, maar iedereen is doodsbang voor zo'n moment. Het is niet zo dat de eurozone zal instorten als Griekenland eruit stapt, maar het zal ongetwijfeld een grote invloed hebben op de banken in de EU die dan miljarden dollars aan schulden moeten afschrijven. Erger nog, als Griekenland zich terugtrekt uit de Eurozone en zich economisch herstelt, zou dit een stimulans kunnen zijn voor andere landen met een lage economische groei, om hetzelfde te doen. Een dergelijke kettingreactie kan mogelijk de hele Eurozone tenietdoen en de krachtige economische status van Europa tegenwerken.

Hier volgt nog een andere situatie, die dichter bij huis zou kunnen toeslaan in zo'n verlammende toestand: denk eens aan een getrouwd stel dat huwelijksproblemen heeft. Als de huwelijkscrisis het hoogtepunt heeft bereikt, zijn ze zo boos op elkaar dat ze het leven samen niet langer meer kunnen verdragen. Terwijl ze nog in hetzelfde huis wonen, zijn ze vlak voordat een van hen zijn/haar spullen pakt en vertrekt, zo ongeduldig dat ze niet langer kunnen wachten op het moment om uit elkaar te gaan. In die situatie lijkt het huis meer op een gevangenis dan op een thuis. Het lijkt ze samen 'op te sluiten', en de hekel die ze voor elkaar voelen drijft hen uit elkaar. Wij zijn, net als dat echtpaar, boos op elkaar, maar we blijven toch samen, we zijn afhankelijk van elkaar voor ons welzijn, zowel fysiek als emotioneel.

"Historici zullen later terugkijken en zeggen dat dit geen gewone tijd was maar een bepalend moment: een ongekende periode van wereldwijde verandering, een tijd waarin het ene hoofdstuk eindigde en het volgende alweer begon: voor landen, voor continenten en voor de hele wereld."

Gordon Brown,
historicus, voormalig premier van de UK (2008)

In het verleden was de wereld een verzameling van geïsoleerde delen, maar naarmate het netwerk van wereldwijde verbindingen nauwer en complexer wordt, bevinden we ons in een nieuwe, onbestendige en onvoorspelbare wereld. De gerenommeerde socioloog, Anthony Giddens, heeft op een beknopte, accurate wijze de ontwikkeling van de wereld naar verstrengeling uitgedrukt: "We worden in voor- en tegenspoed voortgedreven naar een mondiale orde die niemand volledig begrijpt, maar waarvan de gevolgen voor ons allemaal voelbaar zijn."

Zonder het te hebben gepland, zijn we overgestapt van het roeien in onze eigen kleine bootjes in de zee van het leven naar één boot waarin we samengepakt zitten, zoals Christine Lagarde het opmerkte in haar bovengenoemde quote. Omdat we nu allemaal in dezelfde boot zitten, zijn we van elkaar afhankelijk. Deze onderlinge afhankelijkheid betekent dat we, tenzij we het allemaal eens zijn over het doel waar we naartoe willen varen, niet in staat zullen zijn om een richting te kiezen. Kun je je voorstellen wat er gebeurt als je daar getouwtrek over hebt, niet tussen twee groepen, maar tussen honderden groepen die verschillende richtingen op willen gaan. Daar lijkt onze wereldeconomie nu op en daarom zitten we zo lang vast in een wereldwijde vertraging, en het einde is niet in zicht. Er zal alleen verandering komen als alle landen het erover eens zijn waar het met de wereld naartoe moet.

"Omdat de onderlinge afhankelijkheid iedereen over de hele wereld op een ongekende manier raakt, is het beheersen van wereldwijde risico's de grote uitdaging van de mensheid."

"Denk eens aan de klimaatverandering; de risico's van kernenergie ... terroristische dreigingen ... de neveneffecten van politieke instabiliteit, de economische gevolgen van de financiële crises, epidemieën ... en de plotselinge paniek die door de media verspreid wordt, zoals de recente komkommer crisis in Europa.

Al deze verschijnselen maken deel uit van de duistere kant van de geglobaliseerde wereld: verontreiniging, besmettingen, instabiliteit, interconnectie, turbulentie, gedeelde kwetsbaarheid ... Onderlinge afhankelijkheid is in feite wederzijdse afhankelijkheid: een gedeelde blootstelling aan gevaren. Niets staat volledig op zichzelf en 'buitenlandse zaken' bestaan niet meer ... De problemen van andere mensen zijn nu ook onze problemen, we kunnen er niet langer onverschillig naar kijken in de hoop er persoonlijk voordeel uit te halen."

Javier Solana,
voormalig secretaris-generaal van de NAVO

Verbondenheid van een vloek in een zegen veranderen

Om de dynamiek van tegenwoordig te begrijpen, moeten we niet vergeten dat de aard van de wereld verbondenheid is. Hierbij kan de wetenschap veel hulp bieden. Verbindingssystemen zijn niets nieuws; de hele natuur zit zo in elkaar. Het menselijk lichaam is een goed voorbeeld van verbindingssystemen die functioneren binnen een groter 'moeder' verbindingssysteem.

In een gezond lichaam 'kent' elke cel en elk orgaan zijn rol en voert deze feilloos uit. Dat komt het hele lichaam ten goede: het hart pompt bloed naar de rest van het lichaam, de longen nemen zuurstof op voor de rest van het lichaam en de lever filtert het bloed voor het hele lichaam.

Tegelijkertijd is elk orgaan in ons lichaam ook een verbruiker en ontvangt het van het lichaam alles wat het nodig heeft voor zijn

levensonderhoud. De reden waarom elk orgaan bestaat, is echter niet om zichzelf te plezieren, niet voor eigen genot.
Alleen al de gedachte dat organen "zichzelf een plezier doen" is uiterst vreemd. De natuurlijke manier van denken is dat elk orgaan bestaat om het welzijn van het hele organisme te verbeteren! Met andere woorden, een gezond orgaan is niet egocentrisch met het doel om er zelf van te profiteren, maar is gericht op het hele organisme, het hele lichaam.

Organen bestaan als onderdelen van een collectief en samen vormen ze een complete eenheid. Zonder de context van die eenheid zouden we de functie of het doel van elk orgaan niet kunnen begrijpen. De voedingsstoffen die elk orgaan van het lichaam ontvangt, stellen het in staat om te functioneren en het doel van zijn bestaan te realiseren, namelijk zijn unieke rol ten opzichte van de rest van het organisme en zijn volledige potentieel te realiseren door zijn product met het hele organisme te 'delen'.

Als een van de systemen in het organisme zijn functie niet vervult, wordt het organisme ziek. Als de ziekte langdurig of acuut is, kan dit leiden tot de ineenstorting van het hele systeem en de dood van het organisme.

Een van de meest voorkomende terminale ziekten van onze tijd is kanker. Als je bekijkt hoe kanker zich ontwikkelt, zul je zien dat het zich net zo gedraagt als een egoïstisch mens zich in een samenleving kan gedragen. Kankercellen vervullen niet de taak die zij behoren uit te voeren in het orgaan waar ze groeien. Erger nog, ze 'kapen' bloedvaten van het orgaan voor eigen gebruik en 'doden' daardoor het orgaan. Uiteindelijk doodt de kanker het hele lichaam en sterft de kanker samen met die mens. Het 'egoïstische' karakter van kanker kan niet anders functioneren.

Net als een lichaam geven de menselijke samenleving en de veranderingen die de afgelopen decennia in de wereld hebben plaatsgevonden aan, dat de mensheid een geïntegreerd en onderling verbonden systeem wordt. Daarom zijn de wetten die de onderlinge verbindingen tussen de organen in het lichaam bepalen ook van toepassing op de menselijke samenleving.

*"De 21e eeuw is, in tegenstelling tot de periode
na het congres van Wenen, niet langer een nul-som-spel
van winnaars en verliezers.
Het is een eeuw van vele netwerk knooppunten. Hoe beter deze knooppunten
met elkaar verbonden zijn, hoe meer ze zullen resoneren met de beste idealen en
principes."*

Professor Dr. Ludger Kunhardt, directeur van het Centrum voor
Europese Integratie Studie

Tot voor kort voelden we dat ieder van ons een min of meer op zichzelf staand wezen is. We hebben een samenleving opgebouwd waarin iedereen individueel kan slagen, ook als dat succes ten koste gaat van anderen.

Nu vertelt het zich ontwikkelende netwerk van verbindingen ons dat deze aanpak niet langer op deze wijze kan functioneren. De oude manier is uitgeput en moet worden geüpgraded. Om ons te ontwikkelen, moeten we leren om synchroon te werken met de globalisering, daarvoor moeten we ons met elkaar verbinden en samenwerken.

Talloze experts hebben al uitgelegd dat de oude wereld nu uit elkaar valt omdat ze gebaseerd is op een verouderde, zelfgerichte aanpak. De nieuwe wereld vereist dat we onze systemen en processen reconstrueren volgens de nieuwe wijze van samenwerking en wederzijdse verantwoordelijkheid, dit betekent dat we allemaal garant staan voor elkaars welzijn. Om te kunnen overleven, moeten we leren samenwerken. Ieder mens, elke samenleving, elke natie en elke staat zal moeten leren samenwerken voor het algemeen welzijn.

*"De werkelijke uitdaging van vandaag is de verandering van ons denken,
niet alleen van onze systemen, instellingen
of ons beleid. We hebben verbeeldingskracht nodig om de immens grote belofte
en uitdaging van de verbonden wereld die we hebben gecreëerd, te begrijpen ...*

De Cirkel Rond Maken

Pascal Lamy, directeur-generaal van de Wereldhandelsorganisatie (WTO)

De oplossing voor onze problemen hangt in de eerste plaats af van de verandering van onszelf en onze aanpassing aan de nieuwe realiteit. Over de hele wereld beginnen mensen hun gedrag al te veranderen. Ze gaan voelen dat hun regeringen niet goed functioneren en geen echte oplossingen bieden voor hun problemen. Als gevolg daarvan kiezen velen ervoor om de straat op te gaan en te gaan protesteren.

Wanneer mensen echter protesteren om hun persoonlijke situatie te verbeteren, maken ze de dingen onbedoeld nog erger voor zichzelf. Tegenwoordig gaat elke druk die een specifiek segment van de bevolking ten goede komt, noodzakelijkerwijs ten koste van anderen. Deze correlatie zal de machtsstrijd die al onder pressiegroepen bestaat, alleen maar versterken, en dat zal het verval van de samenleving alleen maar versnellen, op de lange termijn zal dit niemand ten goede komen.
De nieuwe staat van de wereld is zodanig dat wij allemaal, van gewone burgers tot besluitvormers, onze problemen moeten oplossen door middel van overleg, aandacht, en in de geest van wederzijdse verantwoordelijkheid.

Gregory Rodriguez,
Oprichter en directeur van het Center for Social Cohesion aan de Staatsuniversiteit van Arizona

De Cirkel Rond Maken

De nieuwe wereld vraagt van ons dat we onze relaties transformeren, niet met geweld, maar in ons hart. Het moet allemaal in ons gebeuren. In de hoofdstukken 3 en 4 zullen we bespreken hoe we deze transformatie tot stand kunnen brengen, in deel twee zullen we enkele praktische voorbeelden onderzoeken. Maar het belangrijkste is dat we, uit alles wat er tot nu toe is gezegd en wat nog zal volgen, moeten concluderen dat het nu het moment is om onze focus te verleggen van 'ik' naar 'wij', dat wij onszelf uit onze bekrompen opvattingen moeten halen en naar een grote, gemeenschappelijke sfeer moeten brengen.

Het lijdt geen twijfel dat we in een speciale tijd leven. Onze gezamenlijke verantwoordelijkheid presenteert zich als de levenswet in onze verbonden wereld. In het volgende hoofdstuk gaan we dieper in op: waarom en hoe de hele natuur één geheel vormt.

"Ik vroeg de Dalai Lama wat de sleutel tot vrede is? Hij zei: 'Denk Wij, niet Ik of Mij.'"

Kenro Izu,
oprichter van Friends without a Border

HOOFDSTUK 2
DE NATUUR EN WIJ

"Een mens maakt deel uit van het geheel dat door ons 'universum' wordt genoemd. Wij ervaren onszelf, onze gedachten en gevoelens als iets wat losstaat van de rest, een soort optische waanvoorstelling van het bewustzijn."

Albert Einstein,
in een brief uit 1950

Het leven is een fascinerend fenomeen: het is dynamisch en verandert voortdurend. Actrice Doris Day leerde ons dat "Que sera sera, dat wat er ook zal zijn, wij de toekomst niet kunnen zien." Ze had gelijk, maar slechts tot op zekere hoogte. Voordat mensen elektriciteit begrepen, konden ze de bliksem niet verklaren, dus schreven ze de bliksem aan de toorn van de goden toe. Maar dankzij de wetenschap weten we dat een blikseminslag niet zomaar plaatsvindt, hij wordt veroorzaakt door bepaalde atmosferische omstandigheden. Op die manier kunnen we voorspellen waar de bliksem ongeveer inslaat. Het is geen nauwkeurige wetenschap, maar het is voldoende voor ons om met een betrekkelijke zekerheid te plannen waar het veilig is en waar we voorzichtiger moeten zijn.

Als iemand uit de 18e eeuw bijvoorbeeld in slaap zou vallen en in de 21e eeuw wakker zou worden, zou hij totaal overweldigd worden door alle wonderen die de mensheid heeft verricht sinds hij voor het laatst wakker was. Wij weten echter dat dit geen wonderen zijn, maar wetenschap.

De wetenschap vertelt ons dat de veranderingen in onze wereld niet willekeurig plaatsvinden, maar in een heel duidelijke richting ontstaan: van eenvoudig tot complex en van scheiding tot integratie.
In een publicatie van het *MIT Haystack Observatory* wordt het volgende uitgelegd: "Direct na de oerknal werd het universum door

radioactieve straling beheerst. Al snel combineerden quarks zich tot baryons (protonen en neutronen). Toen het heelal drie minuten oud was, was het voldoende afgekoeld om deze protonen en neutronen tot kernen te combineren."

In de periode waarin het proces van toenemende integratie en complexiteit plaatsvond, werden er sterren geboren, verschenen er planeten omheen en kwamen er uit de kosmische stof complete sterrenstelsels tevoorschijn. Op ten minste één van die planeten ging het proces verder dan het minerale niveau, namelijk naar het organische niveau, ook wel bekend als 'leven'. Toen organische materialen zich op een manier combineerden die hen het unieke vermogen gaf om zich te vermenigvuldigen, verscheen wat we nu 'leven' noemen. Dit waren de eerste eencellige wezens, zoals amoeben.

Terwijl de cellen synchroon bleven lopen met de ontwikkeling van de evolutie naar complexiteit, begonnen ze samen te komen in clusters en namen ze gespecialiseerde functies op zich die bijdroegen aan de hele kolonie. Elke cel 'leerde' op de rest van de cellen te vertrouwen om zichzelf van de noodzakelijke behoeften te voorzien. Hierdoor kon elke cel een bepaalde bekwaamheid 'beheersen', erin uitblinken en de kolonie een veel grotere waarde geven. Dit waren de eerste voorbeelden van onderlinge waarborg in de natuur, en de principes die van toepassing waren op die primordiale (oorspronkelijke) cel kolonies zijn nog steeds op elk levend wezen van toepassing.

Ongeveer vier miljard jaar nadat de planeet Aarde was gevormd, verscheen het menselijk ras.
In tegenstelling tot de rest van de natuur, voelen wij mensen dat wij afgescheiden zijn, gescheiden van de rest van de natuur. Wij voelen ons superieur en wij voelen ons geen deel van het grote systeem dat op een hoger niveau aanwezig is. De mensheid heeft een nieuw kenmerk in het systeem van de natuur geïntroduceerd: het gevoel van zelfbeschikking. Alle andere dieren, planten en mineralen vervullen hun rol zoals de natuur het voorschrijft, via instincten en verworven gedrag. Maar wij hebben in onze samenleving vrijheid

van keuze om voor ons eigen belang te werken of voor het belang van anderen.

Als we naar de natuur kijken, kunnen we zien dat het kiezen voor onderlinge waarborg en het prefereren van het belang van de samenleving boven het eigenbelang, in feite gunstiger zijn voor het individu. In het vorige hoofdstuk zeiden we dat er geen enkel organisme kan bestaan als de cellen alleen voor zichzelf werken. Bovendien zou niemand kunnen leven als we allemaal voor onszelf zouden moeten zorgen. Stel je de zeven miljard mensen op aarde maar eens voor als ze allemaal het land alleen voor zichzelf zouden moeten bewerken, putten graven, voor zichzelf water oppompen en ieder voor zichzelf voor voedsel en kleding zou moeten zorgen. Wat zou er dan met onze samenleving gebeuren? Erger nog, wat zou er met *onszelf* gebeuren?

Alleen al uit eigenbelang blijken we samen te werken. Maar als dat zo is, waarom hebben we dan de innerlijke drang om alleen voor onszelf te werken en zien we blijkbaar de werkelijkheid van onze onderlinge afhankelijkheid over het hoofd?

In november 2005 was ik in Tokio, waar ik door de GOI Vredesstichting was uitgenodigd om deel te nemen aan een conferentie over klimaatverandering en waterschaarste. Evolutionair bioloog Elisabet Sahtouris, die eveneens de conferentie bijwoonde, gaf een fascinerende beschrijving van het concept onderlinge afhankelijkheid tussen zelf gecentreerde elementen: "In je lichaam heeft elke molecuul, elke cel, elk orgaan ... eigenbelang. Als elk niveau ... zijn eigenbelang toont, dwingt het tot onderhandeling tussen de niveaus. Dit is het geheim van de natuur. Elk moment brengen deze onderhandelingen het systeem in je lichaam tot harmonie."

Als we zouden kunnen zien dat de evolutie tot op het huidige moment doorgaat en niet is gestopt toen de homo-sapiens verscheen, zouden we ons realiseren dat we nog steeds evolueren van eenvoudig naar complex en van scheiding naar integratie. Het enige verschil met het verleden is, dat wij mensen niet gedwongen worden tot integratie, maar dat we zelf moeten kiezen voor integratie boven afscheiding. Als we dat doen, zal er een leven van harmonie, balans en welvaart volgen.

Hieruit volgt dat het proces waardoor de wereld een mondiaal dorp is geworden, geen toevallig incident is, maar een natuurlijk verlengstuk van de bijna veertien miljard jaar evolutie sinds de Big Bang. De crisis die de mensheid in onze tijd meemaakt, is geen ineenstorting van de beschaving, maar *de opkomst van een nieuwe fase.* In dit stadium zal ook de mensheid één enkele entiteit worden, zich bewust worden van haar onderlinge verbondenheid en er in harmonie mee gaan werken. Als we dat bewustzijn bereiken, zullen we één organisme zijn waarin elk orgaan voor het welzijn van het geheel werkt, en de rest van het organisme zal zorgen voor alles wat het orgaan nodig heeft.

Omdat de evolutie niet kan worden gestopt of van koers veranderd kan worden, is de eenheid van de hele mensheid een vaststaande zekerheid. De enige vraag is hoe we het zullen bereiken: bewust, bereidwillig, op een aangename manier, of juist tegengesteld.

"Jij Krabt Mijn Rug En Ik Zal De Jouwe Krabben"

"Eenheid en complementariteit vormen de realiteit"

Werner Heisenberg, natuurkundige, formuleerde het onzekerheidsprincipe

Als we kijken naar de manier waarop de natuur werkt, ontdekken we een systeem van onderlinge voordelen. Elk element in het systeem vult de andere elementen aan en is dienstbaar aan de andere, in ruil daarvoor ontvangt het wat het zelf nodig heeft. Het is wat je zou kunnen noemen een systeem van "Jij krabt mijn rug en ik zal de jouwe krabben".

De voedselketen is een goed voorbeeld van deze wederkerigheid: planten voeden zich met mineralen, herbivoren voeden zich met planten en carnivoren voeden zich met herbivoren. De voedselketen bevat talloze subketens die met elkaar een netwerk vormen waarin elk element ieder ander element beïnvloedt. Als gevolg hiervan heeft elke wijziging in één element gevolgen voor ieder ander element in het systeem.

Elk element dat zijn functie vervult, stelt het hele ecosysteem in staat om evenwicht te bewaren. Het evenwicht houdt de systemen gezond en sterk, daardoor kunnen de dieren en planten in dat systeem van voedsel worden voorzien.

Een in het oog springend en ook opvallend rapport dat in oktober 2003 door Irene Sanders en Judith McCabe bij het Amerikaanse ministerie van Onderwijs werd ingediend, laat zien wat er gebeurt als we het evenwicht in de natuur aantasten. "In 1991 werd er een Orka - een zwaardwalvis - gezien die een zeeotter opat. Orka's en otters leven meestal vreedzaam naast elkaar. Wat was er gebeurd? Ecologen ontdekten dat de populatie van baars en haring in de oceaan aan het afnemen was. Orka's eten die vis niet, maar zeehonden en zeeleeuwen wel. Orka's eten gewoonlijk zeehonden en zeeleeuwen, maar ook hun populatie was afgenomen. Dus doordat de orka's beroofd werden van hun zeehonden en zeeleeuwen, wendden ze zich maar tot de speelse zeeotters voor hun avondeten."

"De otters verdwenen dus omdat de vis, die ze eerst nooit aten, was verdwenen. Dan breidt de rimpeling zich uit. De otters zijn er niet langer om zee-egels te eten, dus de populatie zee-egels stijgt explosief. Maar zee-egels leven van kelpbossen op de zeebodem, dus de kelp gaat dood. Kelp is de thuisbasis van vissen die door meeuwen en zeearenden gegeten worden. Net als orka's kunnen meeuwen ander voedsel vinden, maar Amerikaanse zeearenden kunnen dat niet en dus hebben zij grote problemen."

"Het begon allemaal met de achteruitgang van baars en haring. Hoe kwam dat? Wel, Japanse walvisvaarders doodden allerlei soorten walvissen die dezelfde microscopische organismen eten als de koolvis (een soort vleesetende vis). Door meer vis om te eten, floreren de koolvissen. Zij vallen op hun beurt de baars en de haring aan die voedsel waren voor de zeehonden en zeeleeuwen. Nu de populatie zeeleeuwen en zeehonden afneemt, moeten de orka's zich tot de otters wenden."

Natuur en Ecologie

Zoals we kunnen zien, bestaat de natuur uit onderlinge afhankelijkheid, waardoor er balans en harmonie gecreëerd wordt. Maar mensen opereren niet op deze manier, noch onderling, noch met elkaar en de natuur. Hoewel we ons superieur voelen aan de natuur, zijn we er ook deel van. Door de discrepantie tussen de natuur en de mensheid, en de conflicten tussen mensen onderling, raakt het hele systeem uit balans, zoals het bovenstaande voorbeeld van de orka's laat zien. Terwijl de hele natuur het principe van onderlinge waarborg volgt - geven wat je kunt en ontvangen wat je nodig hebt - opereren mensen tegengesteld: we nemen wat we kunnen en geven wat we nu eenmaal moeten geven. Mensen exploiteren elkaar en de mensheid exploiteert de natuur. Het is geen wonder dat we onze planeet bijna volledig hebben uitgeput.

"Onze ecologische voetafdrukken gebruiken al 1,4 deel van de hernieuwbare energiebronnen van de planeet Aarde, (het kost de aarde 1,4 jaar om ons gebruik per jaar te herstellen) en zullen waarschijnlijk tegen 2050 twee planeten Aarde nodig hebben.
Met andere woorden, we leven niet duurzaam en putten het natuurlijke vermogen van de aarde uit. Niemand weet hoe lang we op deze manier door kunnen gaan, maar er gaan ecologische alarmbellen af."

G. Tyler Miller, Scott Spoolman, Leven in het milieu: principes, verbindingen en oplossingen

De mensheid is in de natuur een kankerachtige tumor geworden die alles voor zichzelf opeist, ongeacht zijn omgeving. Kanker sterft samen met het gast-organisme. Als de mensheid zich niet transformeert tot een gezond deel in het organisme van de natuur, zal ze een soortgelijk lot ondergaan. We zullen niet helemaal uitgeroeid worden, maar we zullen zeker duur moeten betalen voor het uitbuiten van de bronnen van voedsel, water en warmte.

Om te kunnen begrijpen waarom de mensheid zich zo onverantwoordelijk en irrationeel gedraagt, moeten we de menselijke natuur nader bekijken. Zoals bioloog Sahtouris het in de eerdergenoemde toespraak in Tokio uitlegde: "Elke molecuul, elke cel, elk orgaan ... heeft eigenbelang." Eigenbelang hebben betekent echter niet dat we egoïstisch moeten zijn. Integendeel, net zoals het eigenbelang van cellen hen ertoe aanzet om samen te werken, moeten we gaan inzien dat het behoud van het welzijn van het organisme - namelijk de mensheid - ons beste *persoonlijke* belang is.

Wat voor ons het feit verbergt dat wij profiteren als iedereen er baat bij heeft, is ons gevoel er recht op te hebben, ofwel 'narcisme'. De psychologen Jean M. Twenge en Keith Campbell beschrijven onze samenleving als 'steeds narcistischer'. In hun verhelderende boek *De Epidemie van het Narcisme: Leven in het Tijdperk van Recht*, analyseren Twenge en Campbell "De meedogenloze opkomst van het narcisme in onze cultuur" en de problemen die erdoor worden veroorzaakt. "De Verenigde Staten lijden momenteel aan een epidemie van narcisme", schrijven ze. "Narcistische persoonlijkheidskenmerken zijn even snel toegenomen als zwaarlijvigheid. Erger nog, de toename van het narcisme versnelt met scores die in de jaren 2000 nog sneller stijgen dan in de afgelopen decennia. In 2006 was 1 op de 4 studenten het eens over de meeste items van een standaardmaat voor narcistische eigenschappen. Tegenwoordig - zoals zangeres Little Jackie het uitdrukte - denken veel mensen dat "de hele wereld om mij moet draaien". Webster's Dictionary omschrijft narcisme als 'egoïsme'. Het blijkt dat we, in simpele woorden gezegd, allemaal heel erg egocentrisch zijn geworden.

Prof. Tim Jackson, commissaris economie van de Britse commissie voor duurzame ontwikkeling, zei over globalisering: "Het is een verhaal dat over ons gaat, mensen die worden overgehaald om geld - dat we niet hebben - uit te geven aan dingen die we niet nodig hebben, om indruk te maken - wat niet lang zal duren - op mensen waar we niet om geven."

Ons opgeblazen egoïsme heeft ons ertoe gebracht een cultuur te ontwikkelen van consumentisme en daardoor agressieve productie, marketing en consumptie van goederen en diensten, niet omdat we dat echt nodig hebben, maar omdat we ermee willen pronken. We kopen iets omdat anderen het kopen, omdat we trendy willen zijn.

Het consumentisme heeft ervoor gezorgd dat elke bedrijfstak zijn productie heeft versneld, er is in een alarmerend en constant toenemend tempo geproduceerd, wat tot een groot aantal ontslagen heeft geleid. Deze producten vervuilen nu de planeet en putten haar bronnen uit, alleen om tegemoet te komen aan ons onverzadigbare verlangen naar rijkdom en sociale status. Maar alles heeft een limiet en we hebben de grens bijna bereikt.

Volgens een rapport uit 2011 van het *Internationaal Energie Agentschap* (IEA), vertelde Fatih Birol, hoofdeconoom bij bovengenoemd agentschap aan Fiona Harvey van *The Guardian*: "De deur sluit zich. Ik maak me grote zorgen, als we nu niet van richting veranderen met betrekking tot de manier waarop we onze energie gebruiken, zullen we straks het minimum (voor veiligheid) wat wetenschappers ons vertellen, ver overschrijden. Dan zal de deur voor altijd gesloten blijven."

Eveneens meldde een samenvatting van de Universiteit van Yale dat "Een conceptrapport van het Intergouvernementeel panel voor klimaatverandering (IPCC) vermeldt dat er ⅔ kans bestaat dat de door de mens veroorzaakte klimaatverandering al tot een toename van extreme weersomstandigheden leidt. De concept-samenvatting … vermeldde dat de toenemende onstuimige weersomstandigheden … zullen leiden tot steeds meer slachtoffers en schade aan eigendommen, sommige locaties zullen daardoor "steeds slechter geschikt worden als woonplek." In het rapport staat dat wetenschappers er "vrijwel zeker" van zijn dat de aanhoudende opwarming niet alleen een toename van extreme hittegolven en droogte zal veroorzaken in sommige regio's, maar ook intensere stortbuien zal veroorzaken die tot ernstige overstromingen zullen leiden.

De Cirkel Rond Maken

Neem bijvoorbeeld de ernstige droogte die vier jaar duurde in Californië. Eerder dit jaar gaf de Californische gouverneur Jerry Brown de opdracht dat "stedelijke agentschappen hun watergebruik met 25 procent moeten verminderen." Boeren, die 80% van het water van de staat gebruiken, zijn vrijgesteld van dit recente mandaat. Natasha Geiling, van *Think Progress*, merkt op: "In 2014 lag ongeveer 500.000 hectare landbouwgrond braak in Californië, wat de staats landbouwsector 1,5 miljard dollar aan inkomsten en 17.000 seizoens- en deeltijdbanen kostte. Deskundigen zijn van mening dat de totale oppervlakte braakliggende landbouwgrond in 2015 zou kunnen verdubbelen - dat nieuws zette mensen in het hele land aan het denken over de voedselzekerheid."

Craig Chase, die het Leopold Centrum voor duurzame Agrarische Cultuur Marketing en het Initiatief Voedsel Systemen aan de Staatsuniversiteit in Iowa leidt, vertelde aan *Think Progress*: "Als je naar de droogtekaarten van Californië kijkt, is het beangstigend ... We vragen ons allemaal af waar het voedsel dat we willen eten vandaan moet komen."

Uit een onderzoek van de NASA bleek dat, "wanneer de uitstoot blijft toenemen, het Zuidwesten van Amerika 80% kans heeft dat het vele decennialang een mega droogte tegemoet zal zien, vanaf 2050 tot het einde van de eeuw."

Mega droogtes zijn, wat Toby Ault, wetenschapper aan de Universiteit van Cornell noemt, de "grote witte haaien van het klimaat: krachtig, gevaarlijk en moeilijk te detecteren voordat het te laat is. Ze zijn in het verleden voorgekomen en zijn er nog steeds, loerend naar wat er in de toekomst mogelijk zal zijn, zelfs zonder klimaatverandering." Ault noemt mega droogtes "een bedreiging voor de beschaving."

Ons gebrek aan zorg voor het milieu veroorzaakt grote schade aan onze meest essentiële behoeften: onze voedsel- en waterbronnen. Volgens het Wereld Natuur Fonds (WNF) verwoest

"Overbevissing ... de vispopulaties. Meer dan 75 procent van de visgebieden wordt al volledig benut of overbevist."

Ook Ian Sample van *The Guardian* schrijft: "Ongeveer 40% van de landbouwgrond in de wereld is ernstig aangetast. De beoordeling van de VN-millennium evaluatie van ecosystemen rangschikte de bodemverslechtering onder de grootste milieu-uitdagingen ter wereld, omdat het volgens hen het gevaar oplevert dat samenlevingen destabiliseren, de voedselzekerheid in gevaar komt en de armoede toeneemt."

Maar de feiten over het water - de meest essentiële substantie voor alles wat leeft - zijn het meest zorgwekkend. Een officiële publicatie van het Kinderfonds van de Verenigde Naties (UNICEF) beschrijft de schade en het gevaar van het drinken van onveilig water: "Bijna vijftig procent van de wereldbevolking in de ontwikkelingslanden - 2,5 miljard mensen - ontbreekt het aan sanitaire voorzieningen en meer dan 884 miljoen mensen gebruiken nog steeds onveilige drinkwaterbronnen. Onvoldoende toegang tot veilige water- en sanitaire voorzieningen, in combinatie met slechte hygiënische praktijken, zijn dodelijk en maken elke dag duizenden kinderen ziek, dit leidt tot verarming en verminderde kansen voor nog eens duizenden mensen meer.
Slechte sanitaire voorzieningen, slecht water en een slechte hygiëne hebben nog veel meer ernstige gevolgen. Kinderen - vooral meisjes - wordt het recht op onderwijs ontzegd omdat hun scholen geen ... fatsoenlijke sanitaire voorzieningen hebben. Vrouwen worden gedwongen om grote delen van de dag te besteden aan water halen. Arme boeren en loonwerkers zijn minder productief door ziekte, de gezondheidsstelsels worden overspoeld en de nationale economieën lijden. Zonder WASH (water, sanitair en hygiëne) is duurzame ontwikkeling onmogelijk."

"Aangezien de vernietiging van de natuurlijke steunpilaren van de economie en de verstoring van het klimaatsysteem de wereld naar de rand van de afgrond drijven, zijn dit ontwikkelingen die moeten worden gekeerd. Hiervoor zijn buitengewoon veeleisende maatregelen nodig, een snelle verandering, weg van de 'normale' gang van zaken."

De Cirkel Rond Maken

...

"Als land en water schaarser worden, als de temperatuur op aarde stijgt en de voedselzekerheid in de wereld verslechtert, ontstaat er een gevaarlijke geopolitiek van voedselschaarste."

Lester R. Brown,
milieu analist, oprichter en voorzitter van het Earth Policy Institute, en
auteur van World on the Edge:
'How to Prevent Environmental and Economic Collapse'

Op 6 mei 2011 meldde Matthew Lee van de *Associated Press*: "De Amerikaanse Staatssecretaris, Hillary Rodham Clinton, heeft ervoor gewaarschuwd dat er door de wereldwijde voedseltekorten en de stijgende prijzen een wijdverbreide destabilisatie dreigt, zij dringt aan op onmiddellijke actie om een herhaling van de crises van 2007 en 2008, die leidden tot rellen in tientallen landen in de derde wereld, te voorkomen .... De VN schat dat sinds afgelopen juni 44 miljoen mensen in armoede zijn terechtgekomen vanwege stijgende voedselprijzen, dit kan leiden tot wanhopig grote tekorten en onrust. Clinton zei dat de wereld niet langer kan "blijven terugvallen op het verlenen van noodhulp en zo alleen maar pleisters op de wond blijven plakken."

Helaas kwam een week later een ontmoedigend rapport waarin staat dat "de wereld 30% van al het voedsel verspilt." Volgens het rapport wordt "30% van al het voedsel dat jaarlijks in de wereld wordt geproduceerd, verspild of het gaat verloren." Dat is ongeveer 1,3 miljard ton, volgens een nieuw rapport van de VN-voedsel- en landbouworganisatie....We kunnen de volgende vergelijking maken: iedere inwoner van China, 's werelds dichtst bevolkte land met meer dan 1,3 miljard mensen, heeft een massa voedsel van één ton die gewoon in de vuilnisbak gegooid wordt .... Als we dat grote getal opsplitsen, zien we dat de mensen met het meeste geld degenen zijn die het meest verspillen.... deze cijfers zijn nu bekend omdat we de afgelopen week net hebben gerapporteerd over de stijgende voedselprijzen over de hele wereld." "Er is een grote mentaliteitsverandering nodig", concludeerde CNN-verslaggever Ramy Inocencio.

De Cirkel Rond Maken

Het is waar dat we onze mentaliteit moeten veranderen in een
mentaliteit die uitgaat van onderlinge waarborg. Met zo'n mindset
gooien we geen eten weg terwijl er mensen zijn die hongerig naar
bed gaan. In een samenleving van wederzijdse garantie zou dit
hetzelfde zijn als je eigen gezin laten verhongeren terwijl je zelf
obesitas hebt.

Econoom Michel Camdessus was dertien jaar lang directeur van
het Internationaal Monetair Fonds (IMF). In een video: 'Ethiek en
de Globale Financiële Crisis' genaamd, legt hij het verband uit
tussen de situatie van de economie, de situatie van het milieu en het
gebrek aan wederzijdse garantie, wat volgens hem de oorzaak is van
beide crises. "Wat er heeft plaatsgevonden, is een soort ethisch,
wereldwijd probleem. Jarenlang hebben we allerlei waarschuwingen
gegeven ... aan financiële actoren om hun financiële hebzucht te
matigen, voor de gemeenschap te zorgen en voor hun naasten te
zorgen, al deze principes worden vergeten. We moeten een soort
mondiaal, ethisch systeem herstellen dat ontbreekt.... Beide crises
(de financiële crisis en de milieucrisis) vinden hun oorsprong in de
overexploitatie van de natuurlijke hulpbronnen of de economische
mechanismen. Dit alles betekent dat wij allemaal onze eigen
conceptie modellen moeten heroverwegen; we moeten ons er
allemaal beter van bewust worden dat we de komende jaren meer
verantwoordelijkheden zullen hebben."

Ondanks de duidelijke grenzen die er zijn met betrekking tot de
natuurlijke bronnen van de aarde en het groeiende bewijs van de
schade die we hebben aangericht, blijven we Moeder Aarde
'uitmelken', we vervuilen onnodig de lucht, het water en de grond,
en laten aan onze kinderen een planeet na die hen geen voedsel en
geen energie zal verschaffen.

In verband met de voortdurende uitputting van de eindige
energiebronnen, interviewde Steve Connor van *The Independent*
Fatih Birol, hoofdeconoom van het IEA. Connor deelt het
volgende mee: "Dr. Birol zei dat het publiek en veel regeringen zich
niet bewust zijn van het feit dat de olie waarvan de moderne

beschaving afhankelijk is, veel sneller opraakt dan eerder was voorspeld en dat de wereldwijde productie waarschijnlijk over ongeveer 10 jaar de piek heeft bereikt, minstens een decennium eerder dan de meeste regeringen hadden ingeschat."

Het Evenwicht Herstellen

"Tot nog toe was de mens tegen de natuur opgewassen, maar vanaf nu zal hij het moeten opnemen tegen zijn eigen natuur."

Dennis Gabor, uitvinder van de holografie, winnaar van de Nobelprijs voor de natuurkunde in 1971

Evenwicht is een begrip dat het spel in de natuur goed verwoordt. Het is de situatie waar de natuur al haar elementen naartoe wil brengen. De enige reden waarom een substantie of een object beweegt of verandert, is het 'streven' naar het herstel van evenwicht. Wanneer lucht beweegt van gebieden waar de luchtdruk hoger is naar waar deze lager is, noemen we dat 'wind'. Als de warmte van een kachel zich door de kamer verspreidt, komt dit door de neiging van de natuur om de temperatuur in de hele ruimte gelijkmatig te maken. Hetzelfde geldt voor een waterstroom stroomafwaarts. De natuurwet van communicerende vaten houdt in dat, zolang de waterstanden niet gelijk zijn, ze naar het laagste gebied blijven stromen.

In levende organismen wordt een staat van evenwicht "homeostase" genoemd (uit het Grieks, *hómoios*, 'soortgelijk' en *stásis*, 'stilstaan'). Het woordenboek van Webster definieert homeostase als "een relatief stabiele staat van evenwicht of een neiging tot een dergelijke toestand tussen verschillende, maar onderling afhankelijke elementen of groepen elementen van een organisme, een populatie of een groep."

Wij, als onderling afhankelijke elementen in de natuur, houden ons aan de wet van 'homeostase' in ons lichaam. Het is echter van onze beslissing afhankelijk of we ons eraan willen houden in onze samenleving.

Op menselijk niveau betekent het handhaven van homeostase dat we ons bewustzijn moeten vergroten van egocentrisme naar sociale gerichtheid en uiteindelijk naar globale gerichtheid.
We moeten onze aandacht voor anderen en onze omgeving vergroten, het maakt allemaal deel uit van het systeem waar wij in zitten. Door de voorbeelden die we hierboven hebben beschreven, kunnen we zien wat er zal gebeuren als we ervoor kiezen om onbewust te blijven van onze onderlinge verbondenheid, met elkaar en met de natuur.

Geboorte Weeën

"We worden uitgedaagd om boven de enge grenzen van onze individualistische betrokkenheid uit te stijgen naar een bredere betrokkenheid voor de hele mensheid. De nieuwe wereld is een wereld van geografische samenhorigheid. Dit betekent dat geen enkele persoon of natie alleen kan leven. We moeten allemaal leren samen te leven, anders worden we gedwongen samen te sterven"

Martin Luther King jr.

Nu het menselijk egoïsme een bedreiging vormt voor ons bestaan, staan we voor twee keuzes. We kunnen rustig blijven zitten, de natuur haar gang laten gaan en wachten tot er problemen aan onze deur komen kloppen voordat we erover nagedacht hebben hoe we ze moeten aanpakken. Of we kunnen actie ondernemen en zelf de verantwoordelijkheid nemen voor onze toekomst.

De mensheid kan nog steeds vooruitgang boeken in de richting van evenwicht en harmonie met de natuur en blijvende welvaart. Alles wat we nodig hebben, is de aanpak van onderlinge waarborg implementeren en ons op die manier synchroniseren met de natuur. Dit zal onze samenleving duurzaam, welvarend, veilig en vredig maken, aangezien er geen oorlog kan zijn onder mensen die voor elkaars welzijn instaan.

In het licht van dat alles worden er in het volgende hoofdstuk praktische maatregelen besproken die we kunnen nemen om een dergelijke samenleving tot stand te brengen.

HOOFDSTUK 3
IN DE PRAKTIJK

*"Het grote project van de eenentwintigste eeuw - begrijpen hoe de totale
mensheid groter wordt dan de som der delen - is nog maar net begonnen. Als
een ontwakend kind wordt het menselijke superorganisme zelfbewuster, dit zal
ons zeker helpen om onze doelen te bereiken."*

N. Christakis & J. Fowler,
Verbonden: de verrassende kracht van onze sociale netwerken

In de vorige hoofdstukken hebben we gesproken over de
connecties waardoor de wereld tot één netwerk wordt verbonden.
We zeiden dat dit netwerk een natuurlijke creatie van de evolutie is
die van eenvoudig naar complex gaat, van scheiding naar integratie.
Deze verbondenheid bepaalt ook dat alle systemen van het leven
zich in stand houden door middel van onderlinge waarborg, en dat
de mensheid deze werkmodus op zichzelf moet toepassen om te
kunnen bloeien en ontwikkelen.

Maar zelfs als we begrijpen dat we wederzijdse garantie nodig
hebben, is het nog steeds niet duidelijk hoe we dat kunnen creëren.
Hoe zorg je voor een gemoedstoestand die compleet
tegenovergesteld is aan onze natuur? Met andere woorden, hoe
verandert een individu of een samenleving een bepaalde mentaliteit
- zorgen voor zichzelf - naar zorgen voor iedereen? Of, kort
gezegd, hoe schakelen we over van de 'ik'-modus naar de 'wij'-
modus? En het moeilijkste van alles: hoe maken we deze
verandering permanent? We weten dat slechte gewoontes moeilijk
uitsterven. Maar zelfgericht denken is meer dan een slechte
gewoonte, het is een manier van denken die we moeten
veranderen. Misschien moeten we zelfs de hele menselijke natuur
veranderen. Hoe kunnen we die veranderen?

Het antwoord is dat wij het niet kunnen. Dat wil zeggen, we
kunnen het niet zelf doen omdat we onze waarden en attitudes uit

onze sociale omgeving absorberen. Dus, als we onze sociale omgeving willen veranderen, zullen we eerst onszelf moeten veranderen. Sterker nog, de verandering zal plaatsvinden zonder dat we het gevoel te hebben dat we veranderen, omdat we van nature vanuit onze omgeving absorberen, en ervan genieten dat we voldoen aan de waarden om ons heen. Daarom zou het voor ons heel natuurlijk en aangenaam voelen als de waarden om ons heen bestonden uit geven en met elkaar delen.

Vertel Me Wie Je Vrienden Zijn En Ik Vertel Je Wie Je Bent

Als je erover nadenkt, zul je ontdekken dat je heel vaak op een bepaalde manier handelt om sociale goedkeuring te krijgen van de mensen om je heen. Gewaardeerd worden door mensen in onze sociale omgeving geeft ons vertrouwen en bezorgt ons een goed humeur, terwijl sociale afwijzing ons pijn doet en ons onzeker en beschaamd maakt over wie we zijn. Daarom hebben we, bewust of onbewust, de neiging om aan de gedragscodes en de waarden van de samenleving te voldoen.

Maria Konnikova, psychologe en welbespraakt schrijfster, schreef over haar behoefte om te voldoen aan de codes van de samenleving in haar blog in *Scientific American*: "We hebben de neiging om ons heel anders te gedragen wanneer we verwachten geobserveerd te worden dan wanneer dat niet zo is en we beantwoorden onmiddellijk aan de heersende sociale zeden en sociale normen…. Als we besluiten om iets te doen, zou het ons dan moeten uitmaken of iemand anders naar ons kijkt of niet? Hoewel het theoretisch gemakkelijk is om te beweren dat dit niet zo behoort te zijn, dat dezelfde gedragsnormen hoe dan ook van toepassing zijn, is het in de praktijk gewoonlijk anders. Dit geldt zowel voor kleine gedragingen (Gaat u in het openbaar in uw neus peuteren? En als u er vrij zeker van bent dat niemand naar u kijkt?) als voor veel belangrijker gedrag. (Zult u iemand pijn doen, lichamelijk of op een andere wijze, als anderen kunnen zien wat u doet? En als u er vrij zeker van bent dat dit vergrijp nooit verder zal komen dan u beiden?).”

Dus, zodra we de waarden van onze samenleving op een zodanige wijze veranderen dat wederzijdse garantie en zorg voor elkaar het belangrijkste zijn, zullen wij onze waarden dienovereenkomstig veranderen. Wanneer de samenleving mensen waardeert op basis van hun bijdrage aan de samenleving, zullen mensen automatisch eraan willen bijdragen om gewaardeerd te worden. Als het respect en de sociale status die momenteel worden toegekend aan uitmuntendheid in financiële slimheid, zouden worden gegeven aan zorgzame mensen die het algehele welzijn van de samenleving hebben verbeterd, zou iedereen een bijdrage aan de samenleving gaan leveren.

Het Publieke Debat Veranderen

Het jaar 2011 was een keerpunt. In dat jaar leerde de wereld de kracht van de sociale media kennen. De wereldwijde onrust die in de Arabische wereld begon en zich vervolgens in Europa verspreidde, toonde aan hoe moeilijk het is om nieuws te blokkeren. We kregen het bewijs dat iedereen kan bepalen waar mensen, duizenden kilometers verderop, het over hebben. Het enige wat we nodig hebben, is een eenvoudige smartphone en internetverbinding.

Als je het concept van 1% tegen 99% opzoekt, vind je er vrijwel geen eerdere vermelding over voordat de Occupy Wall Street (OWS) -beweging op 17 september 2011 begon te protesteren. Meer recent hebben we incidenten van politiegeweld gezien, de tol van militaire campagnes tegen burgers, wreedheden van burgeroorlogen, en natuurrampen die werden gedocumenteerd en geüpload naar sociale-mediasites waar ze snel viraal werden. Het cumulatieve effect van al die gebeurtenissen maakt het voor de reguliere media onmogelijk om ze over het hoofd te zien en zij gaan ze ook te verspreiden. Op deze manier kan eenieder een betekenisvol 'persbureau' worden waardoor het publieke debat wordt beïnvloed.

Een andere erkenning van de kracht van het maatschappelijk debat en de publieke opinie om de samenleving te verbeteren, verscheen in een schriftelijke verklaring van de Wereldbank met de titel 'De Kracht van het Publieke Debat': "Het concept van de open ontwikkeling (die iedereen gelijke handelskansen biedt) veronderstelt een sterke toename van informatieverstrekking aan de burgers.

Het doel van dit alles (open ontwikkeling) is het creëren van een verschuiving in de machtsrelatie tussen instellingen en regeringen, die de verantwoordelijkheid hebben om diensten te verlenen en het leven te verbeteren van mensen die van die diensten zouden moeten kunnen profiteren. Die macht kan effectief worden uitgeoefend door kleine groepen burgers die samenwerken om politici of dienstverleners te identificeren en te confronteren, als zij er niet in slagen de diensten te leveren waarvoor geld beschikbaar is gesteld. Omdat corruptie en politiek, of eigenbelang, sterk met elkaar verstrengeld zijn, is het onwaarschijnlijk dat een meer open ontwikkeling de gewenste effecten zal hebben, tenzij verschillende publieke groepen, collectief en vreedzaam, publieke invloed kunnen uitoefenen."

De invloed van de sociale omgeving werd in 1951 empirisch bewezen tijdens een van de meest bekende experimenten in de geschiedenis van de sociale psychologie. Dat jaar voerde psycholoog Solomon Eliot Asch een onderzoek uit dat bekend werd als het *Asch-Conformity Experiment*. Maar belangrijker dan de titel is het volgende: Het experiment van Asch zette een spiegel neer die een vernederende waarheid over ons reflecteerde, dat wij namelijk vaker wel dan niet doen wat anderen doen en zeggen wat anderen zeggen, simpelweg omdat anderen het doen en zeggen. We vragen ons zelden af waarom.

Het experiment van Asch was heel eenvoudig: hij maakte gebruik van een beoordelingsopdracht die over de lengte van lijnen ging, hij liet een onschuldige deelnemer in een kamer plaatsnemen, samen met zeven andere mensen die met de onderzoeker samenwerkten. Degenen die samenwerkten hadden van tevoren afgesproken wat ze zouden antwoorden tijdens de beoordelingsopdracht. De onschuldige deelnemer wist dit niet en dacht dat de zeven andere deelnemers ook echte deelnemers waren.

 Iedereen in de kamer moest hardop aangeven welke vergelijkingslijn (A, B of C) het meest op de doellijn leek. Het antwoord was altijd duidelijk. De echte deelnemer zat aan het einde van de rij en gaf als laatste zijn of haar antwoord. Er waren in totaal 18 proeven en de nep-deelnemers gaven het verkeerde antwoord in 12 proeven.

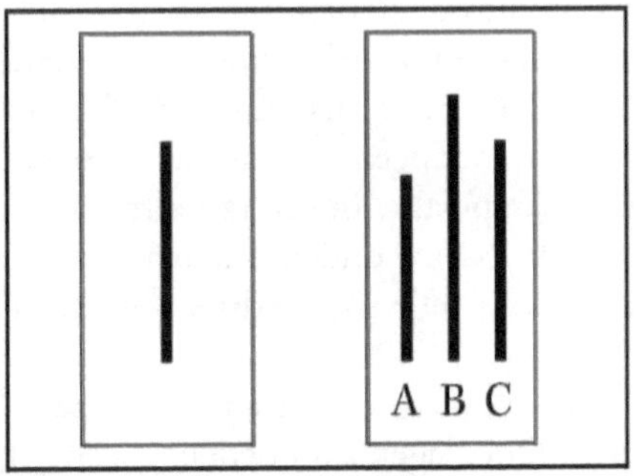

Gemiddeld ging een derde van de deelnemers die in deze situatie waren met de anderen mee en conformeerden zij zich aan de meerderheid die duidelijk ongelijk had. Gedurende 18 onderzoeken pasten ongeveer 75% van de deelnemers zich ten minste één keer aan en 25% van de deelnemers deden dat nooit.

Waarom pasten de deelnemers zich zo gemakkelijk aan? Toen ze na het experiment werden geïnterviewd, zeiden de meesten dat ze hun aangepaste antwoorden niet echt geloofden, maar dat ze met de groep waren meegegaan uit angst belachelijk te worden gemaakt. Een paar van hen zeiden echt te geloven dat de antwoorden van de groep correct waren.

Blijkbaar passen mensen zich om twee belangrijke redenen aan: omdat ze bij de groep willen horen (normatieve invloed) en omdat ze denken dat de groep beter geïnformeerd is dan zij (informatieve invloed).

Het experiment van Asch was baanbrekend en opende de deur naar een hele reeks vervolgstudies en publicaties. Toen onderzoekers eenmaal ontdekten dat het bestuderen van de menselijke natuur ons zoveel zou kunnen leren over het waarom van onze gedragswijze, begonnen ze elk aspect van het menselijk gedrag te bestuderen in een poging onze aard te begrijpen. In dit proces werd elk taboe doorbroken, van seksualiteit (Masters en Johnson, Dr. Ruth en anderen) tot rollenspel (Zimbardo's Stanford-gevangenis-experiment).

Een nieuwe studie onderzocht zelfs het nogal Orwelliaanse idee dat mensen om ons heen onze herinneringen kunnen veranderen. Een studie aan het Weizmann Instituut voor Wetenschap testte in hoeverre de herinneringen van mensen kunnen worden veranderd door sociale manipulatie. In een rapport van het Weizmann Instituut stond: "Nieuw onderzoek aan het Weizmann Instituut toont aan dat een beetje sociale druk wellicht alles is wat nodig is."

Het experiment vond in vier fasen plaats. Eerst keken vrijwilligers naar een film. Drie dagen later deden ze een geheugentest en beantwoordden ze vragen over de film. Er werd hen ook gevraagd hoe zeker ze waren over hun antwoorden. Daarna werden ze uitgenodigd om de test opnieuw af te leggen terwijl ze werden gescand door een daarvoor geschikte magneetscan (fMRI) die hun hersenactiviteit aangaf.

Deze keer kregen de proefpersonen ook de vermeende antwoorden van de anderen in hun kijkersgroep. Onder deze antwoorden waren er ook verkeerde antwoorden op vragen toegevoegd die de vrijwilligers eerder correct en vol vertrouwen hadden beantwoord. Na het zien van deze 'geïmplanteerde' antwoorden, conformeerden de deelnemers zich aan de groep en gaven zij bijna 70% van de tijd onjuiste antwoorden!

Maar conformeerden zij zich nu gewoon aan sociale eisen of was hun herinnering aan de film veranderd? Om daarachter te komen, nodigden de onderzoekers de proefpersonen uit om de geheugentest opnieuw te doen. In sommige gevallen keerden de respondenten terug naar hun oorspronkelijke, correcte antwoorden, maar bijna de helft bleef bij de foute antwoorden, wat inhield dat de proefpersonen vertrouwden op de verkeerde herinneringen die in de eerdere sessies waren geïmplanteerd.

Een analyse van de fMRI-gegevens toonde verschillen in hersenactiviteit aan tussen de aanhoudende valse herinneringen en de tijdelijke fouten door sociale aanpassing. Wetenschappers denken dat er een verband bestaat tussen de sociale delen en de delen van de hersenen die geheugen verwerken: "Dit 'stempel' kan nodig zijn ... om (herinneringen) goedkeuring te geven voordat ze naar de geheugenbank worden geüpload. Dus sociale versterking zou kunnen werken op ... onze hersenen om een sterke herinnering te vervangen door een valse."

"De meeste mensen zijn zich helemaal niet bewust van hun behoefte om zich aan te passen. Ze leven in de illusie dat ze hun eigen ideeën en neigingen volgen, dat ze individualisten zijn, dat ze door hun eigen denken tot hun mening zijn gekomen - en dat het toeval is als hun ideeën hetzelfde zijn als die van de meerderheid."

Erich Fromm,
The Art of Loving

Nu we de impact van de samenleving op de mening van mensen hebben gezien, kunnen we de kwestie vanuit een educatieve invalshoek bekijken. De impact die de media op onze opvattingen, en zelfs fysiek op onze hersenen hebben, is meer dan eens gedocumenteerd en erkend.
Koppen zoals 'Gewelddadige Videogames en Veranderingen in het Brein', 'Noorse Kleinhandelaar neemt Gewelddadige Games terug', en 'Massa-Schietpartij in Duitsland vraagt de Kleinhandelaar om Games met een Beoordeling voor Volwassenen uit de Handel te Halen', geven aan dat mensen er goed van op de hoogte zijn dat gewelddadige en agressieve media veel kwaad kunnen doen. Maar ondanks dat besef blijven de media niet alleen deze aanstootgevende beelden vertonen, maar verhogen ze zelfs de frequentie en de explicietheid.

De Cirkel Rond Maken

Overweeg eens dit stukje informatie uit een publicatie van een
Universiteit voor Gezondheidssystemen in Michigan te lezen om te
kunnen begrijpen hoeveel geweld we absorberen in de vormende
jaren van de kindertijd tot aan onze achttienjarige leeftijd. De
publicatie, getiteld 'Televisie en kinderen', stelt dat "een gemiddeld
Amerikaans kind op 18-jarige leeftijd 200.000 gewelddadige
misdaden en 16.000 moorden op tv heeft gezien." Als we bedenken
dat achttien jaar 6.570 dagen bevatten, betekent dit dat een kind op
achttienjarige leeftijd in zijn of haar jonge leven per dag gemiddeld
iets meer dan dertig gewelddaden, waaronder *2,4 moorden*, op tv
heeft gezien.

*"Er wordt niet om neutraliteit gevraagd, maar om eenheid, eenheid van
gemeenschappelijke garantie, van wederzijdse verantwoordelijkheid, van
wederkerigheid ... Dit is waar ons werk in het onderwijs aan onze jongeren op
gericht is, en zelfs nog meer aan volwassenen."*

Martin Buber, filosoof en opvoeder,
Een Natie en een Wereld: Essays over actuele gebeurtenissen

Uit alles wat we tot nu toe hebben gezegd, is het duidelijk dat de
omgeving bepaalt wie we zijn, of in ieder geval wie we zullen
worden. De sociale omgeving vormt ons als mens, en omdat we
producten zijn van onze omgeving, moet elke verandering die we
onszelf willen opleggen eerst in onze omgeving aanwezig zijn. Dus,
wanneer we een omgeving bouwen waarin wederzijdse garantie
wordt beschouwd en erkend als prijzenswaardig, zal het ook in
onze eigen ogen prijzenswaardig zijn.

Een zorgzame omgeving opbouwen

De snelste en meest effectieve manier om prosociale waarden in
onze omgeving in te voeren, is via de belangrijkste elementen die
onze opvattingen beïnvloeden: de media en het internet.
Om de sociale manier van denken te veranderen, moeten we onze
manier van spreken in de media veranderen. Op dit moment

vergoelijkt en promoot men zelfs agressieve gedragscodes, buitensporig individualisme en egocentrisch gedrag, en worden we in het algemeen gestimuleerd om asociaal te worden. Dit zijn de waarden die we zien opkomen bij onze kinderen en ook bij onszelf. Daarom is het van cruciaal belang dat we de waarden die de media promoten, omkeren.
Als ze ons zouden vertellen dat geven, delen en samenwerken goed zijn, zouden we het daarmee eens zijn en dat graag opvolgen.

Maar in de huidige realiteit van het bevorderen van zelfbeschikking en manipulatief gedrag, krijgen mensen die andere mensen op weg naar de top vertrappen de positieve naam 'Doorzetter', dus het is geen verrassing dat degenen die niet egoïstisch en gemeen zijn op school het gevaar lopen om als 'sukkels' of 'zwak' te worden bestempeld. Als we instemmen met de media die zulke negatieve en asociale berichten laten prevaleren, moeten we niet verbaasd zijn dat er bijvoorbeeld op elke basisschool in Texas politiemensen nodig zijn. Ze zijn daar niet om gevaarlijke volwassenen buiten te houden, maar om gevaarlijke *kinderen* buiten te houden, en om sommigen zelfs al op zesjarige leeftijd te arresteren! En niet slechts één of twee kinderen, maar alleen al in 2010 werden er 300.000 kinderen gearresteerd, en dat was alleen in die ene staat.

Onderhoudende TV hoeft niet per se gewelddadig te zijn of te bestaan uit shows die zelfingenomenheid promoten. We zijn prima in staat om vermakelijke, hoogwaardige televisie te produceren die pro-sociale berichten bevat. Onderzoeksjournalistiek hoeft ook niet alleen corruptie bloot te leggen, maar kan tevens laten zien hoe we allemaal van elkaar afhankelijk zijn en hoe we kunnen slagen als we samenwerken. De media kunnen gemeenschappen en initiatieven introduceren waarbij concepten worden geïmplementeerd zoals in de Spaanse stad Marinaleda, die door *The New York Times* werd gepresenteerd door een inspirerend verhaal, 'Een Baan en geen Hypotheek voor iedereen in een Spaanse stad'.

De media kunnen ook bespreken in hoeverre dergelijke inspanningen succesvol zijn, hoe ze ons leven verbeteren en hoe toepasbaar dergelijke initiatieven zijn in verschillende delen van de wereld. Zoals we hieronder zullen zien, komt het niet door gebrek aan goede voorbeelden dat de media ze niet zo vaak tonen als zou moeten, maar omdat ze er niet toe aangespoord worden. De media laten datgene zien wat winst oplevert voor de aandeelhouders en wij, consumenten van de media, bepalen dat. Het komt erop neer dat het publieke debat moet veranderen. Als dat gebeurt, zullen mensen van mening veranderen en zullen de media hun inhoud aanpassen aan het publieke debat. Maar de verandering moet beginnen met een bewuste inspanning, aangezien de huidige trend van de media eerder asociaal dan prosociaal is.

Ook hoeft tegenwoordig een sociale verandering niet aan de top te beginnen, tijdens een prime time, spraakmakende tv-show op de meest populaire kanalen. Het kan net zo goed een volksactie zijn van een paar enthousiastelingen die bij elkaar komen om een sociale beweging te beginnen die via internet wordt gepromoot. Dit is precies hoe de Occupy Wall Street-beweging begon.

Via social mediakanalen zoals Facebook, Twitter en YouTube kan iedereen met een klein beetje enthousiasme en durf elk idee promoten - goed of slecht - en er vervolgens genoeg enthousiasme omheen genereren om een kritische massa van prosociale ideeën te verzamelen. Zoals we hieronder zullen zien, is er een kleine, vastberaden minderheid nodig om een snelle, grote en beslissende verandering door te voeren.

Naast de verschillende mediakanalen hebben we ook nog de goede, ouderwetse mond-tot-mondreclame. Ideeën verspreiden zich het beste door er gewoon over te praten: thuis, op het werk, met vrienden, op online forums en via sociale netwerken. Door mensen gewoon te vertellen wat volgens jou juist is, gaan ze nadenken.

"Er gaat niets boven het bedenken van een product dat zo interessant is dat mensen er over blijven praten. Niets is beter dan klanten die de taak op zich nemen om een bedrijf, waar ze gewoon van houden, te steunen," schrijft marketingconsulent Andy Sernovitz in zijn boek: *Mond op Mond Marketing: Hoe Slimme Bedrijven Mensen Laten Spreken, herziene uitgave.*

De Cirkel Rond Maken

Het verspreiden van ideeën heeft zelfs een nog meer verborgen kant. Ze kunnen wijd en zijd worden verspreid door mensen die simpelweg nadenken of bepaalde dingen willen. Op 10 september 2009 publiceerde *The New York Times* een verhaal met de titel: '*Maken je vrienden je dik?*' door Clive Thompson. In zijn verhaal beschrijft Thompson een fascinerend experiment dat in Framingham, Massachusetts, werd uitgevoerd. In dat experiment werden details over de levens van 15.000 mensen gedocumenteerd en vijftig jaar lang periodiek geregistreerd. De analyse van die gegevens, door de professoren Nicholas Christakis en James Fowler, onthulde verbazingwekkende ontdekkingen over de manier waarop we elkaar op alle niveaus beïnvloeden - fysiek, emotioneel en mentaal - en hoe ideeën even besmettelijk kunnen zijn als virussen.

In hun beroemde boek: *Verbonden: De Verrassende Kracht van Onze Sociale Netwerken en Hoe ze ons Leven vormgeven - Hoe de Vrienden van je Vrienden Invloed hebben op alles wat je Voelt, Denkt en Doet*, stelden Christakis en Fowler vast dat er een netwerk van onderlinge relaties bestond tussen meer dan 5.000 deelnemers. Christakis en Fowler ontdekten dat mensen in het netwerk elkaar beïnvloedden en door elkaar werden beïnvloed, niet alleen bij sociale problemen, maar ook bij fysieke problemen.

"Door de Framingham-gegevens te analyseren", schreef Thompson, "zeggen Christakis en Fowler dat ze voor het eerst een solide basis hebben gevonden voor een potentieel krachtige theorie in de epidemiologie: goed gedrag - zoals stoppen met roken of slank blijven of gelukkig zijn — ging van vriend tot vriend, bijna alsof het besmettelijke virussen waren. De gegevens suggereerden dat de Framingham-deelnemers elkaars gezondheid beïnvloedden door alleen maar te socialiseren. Hetzelfde gold voor slecht gedrag: clusters van vrienden leken elkaar te 'infecteren' met obesitas, verdriet en roken. Gezond blijven is niet alleen een kwestie van je genen en je dieet, zo lijkt het. Een goede gezondheid is gedeeltelijk ook een product van puur in de nabijheid van andere gezonde mensen zijn."

Nog verrassender was de ontdekking van de onderzoekers dat deze infecties over verbindingen heen konden 'springen'. Het blijkt dat mensen elkaar zelfs kunnen beïnvloeden als ze elkaar niet kennen! Bovendien ontdekten Christakis en Fowler het bewijs van deze effecten zelfs drie graden van elkaar (vriend van een vriend van een vriend). In de woorden van Thompson: "Toen een inwoner van Framingham zwaarlijvig werd, hadden zijn of haar vrienden 57 procent meer kans om zwaarlijvig te worden. Nog verbazingwekkender ... er bleken verbindingen overgeslagen te worden. Een inwoner van Framingham had ongeveer 20 procent meer kans om zwaarlijvig te worden als de vriend van een vriend zwaarlijvig werd - zelfs als de verbindende vriend geen kilo was aangekomen. Inderdaad, het risico op obesitas bij een persoon steeg met ongeveer 10 procent, zelfs als een vriend van een vriend van een vriend zwaarder werd."

Thompson citeerde professor Christakis en schreef: "In zekere zin kunnen we menselijke emoties zoals geluk op dezelfde manier gaan begrijpen als de bestudering van het stampen van buffels. Je vraagt niet aan een individuele buffel: "Waarom ren je naar links?" Het antwoord is dan dat de hele kudde naar links rent."

Maar sociale besmetting is meer dan alleen naar je gewicht kijken. In een lezing op de televisie legde professor Christakis uit dat ons sociale leven (en dus ook veel van ons fysieke leven, zoals blijkt uit de voorgaande paragrafen) afhangt van de kwaliteit en de kracht van onze sociale netwerken en van wat er door de aderen van dat netwerk stroomt. In zijn eigen woorden: "We vormen sociale netwerken omdat de voordelen van een verbonden leven opwegen tegen de kosten. Als ik altijd gewelddadig tegen je was ... of je verdrietig maakte ... zou je de banden met mij verbreken en zou het netwerk uiteenvallen. Dus de verspreiding van goede en waardevolle dingen is nodig om sociale netwerken te ondersteunen en te voeden. Sociale netwerken zijn eveneens vereist voor de verspreiding van goede en waardevolle eigenschappen, zoals liefde en vriendelijkheid. Ik denk dat sociale netwerken fundamenteel gerelateerd zijn aan goedheid, en ik denk dat de wereld nu meer verbindingen nodig heeft."

Verandering van Media - Verandering van Denken

Het is heel belangrijk om na te denken over de waarde van wederzijdse garantie, en door dat te doen de 'populariteit' ervan te vergroten. Het is echter net zo belangrijk, zo niet nog belangrijker, om manieren te vinden om dit door middel van bepaalde handelingen in de samenleving te implementeren.

Iedereen consumeert verschillende soorten media, entertainment en informatie. Mensen weten wat ze graag zien en lezen, en waar ze met plezier naartoe gaan. Sommige mensen kijken graag thuis tv, sommigen in de sportschool en anderen op een krukje aan de bar terwijl ze met de barman praten. Sommigen houden niet van televisie, maar komen via internet aan hun informatie en amusement. Dit hoeft niet te veranderen. Wat wel moet veranderen, is het soort inhoud dat deze kanalen bevatten.

Door een geleidelijk proces van het introduceren van nieuwe waarden, moeten we eraan wennen dat we meer denken aan samenwerking en zorg dan aan scheiding en vervreemding. Het zal heel snel zijn vruchten afwerpen als we ontdekken dat we met veel minder stress en wantrouwen kunnen leven en genieten van een veel meer sociaal vervullende omgeving van vrienden en familie.

Maar momenteel bieden de media een schat aan informatie en van het meeste weten we niet eens wat we consumeren. We genieten gewoon van lezen en kijken zonder al te veel aandacht te besteden aan de berichten die we absorberen.

Binnen de media implanteren mensen zoals adverteerders, hun ideeën vakkundig in onze geest. Ze proberen ons ervan te overtuigen dat het ene bedrijf beter is dan de rest, of dat ons leven zonder het nieuwste gadget dat op de markt is gekomen, het niet verdient om 'leven' genoemd te worden. Kort nadat we zijn overgehaald om dat gadget te kopen, komt het bedrijf met een nieuwere 'laatste versie'. Op deze manier laat de ratrace van het consumentisme ons constant met een ontevreden gevoel achter en streven we voortdurend naar meer.

Bedenk eens wat er zou gebeuren als in onze geest het idee werd ingeplant dat we allemaal met elkaar verbonden zijn en dat anderen pijn doen hetzelfde is als jezelf pijn doen. Hoe zou het zijn als de wereld het motto zou volgen: "Als je niet goed bent voor anderen, is er geen sprake van dat jij goed bent"?

Minder werken en meer verdienen

"Communicatie - de menselijke connectie - is de sleutel tot persoonlijk succes en carrièresucces."

Paul J. Meyer

Het ontwikkelen van nieuwe verbindingen zal ons helpen om het hoofd te bieden aan een uitdaging die opduikt als een van de meest explosieve kwesties in de samenleving: werkloosheid. Met de opkomst van robotica en automatisering zal het aantal werknemers dat nodig is voor productie en diensten drastisch afnemen. Nu al nemen robots het werk over van mensen die tot voor kort onmisbaar waren. Van lopende band medewerkers en hotelreceptionisten tot advocaten en chirurgen; robots worden de favoriete operators voor veel ondernemers en bedrijfseigenaren.

Werkloosheid is vooral een uitdaging als het gaat om millennials. Jonge, goed opgeleide mensen hebben het gevoel dat ze hun beste jaren en hun beste inkomsten (of dat van hun ouders) hebben besteed aan een wereld die niet langer bestaat. In zijn boek *De Dappere Nieuwe Wereld van Werk* legt professor Ulrich Beck, een van Europa's toonaangevende sociologen, uit dat "De werkende maatschappij ten einde loopt doordat steeds meer mensen overbodig zijn geworden door slimme technologieën. Voor onze tegenhangers aan het einde van de 21e eeuw zal de huidige strijd over banen lijken op een gevecht om ligstoelen op de Titanic. De 'baan voor het leven' is verdwenen ... en al het betaalde werk dreigt te worden vervangen."

Op de een of andere manier zal de transformatie van de arbeidsmarkt leiden tot het wegvallen van overtollige industrieën.

De Cirkel Rond Maken

Dit zal vervolgens leiden tot het besef dat de meerderheid van de mensen simpelweg niet meer nodig is op de arbeidsmarkt.

Maar als mensen nu niet werken en in de toekomst niet zullen werken, wat gaan ze dan doen? Hoe gaan ze leven? Als ze steun krijgen van de regering of een andere instantie, zullen ze dan de hele dag inactief zijn, zal dat hen mentaal en emotioneel geen grote schade berokkenen?
Dit kan voor elke samenleving een explosieve situatie worden, een blijvende oorzaak van onrust, wanorde en misdaad.

De oplossing voor werkloosheid is mensen weer naar school te sturen. Dit zal echter niet inhouden dat je de middelbare school over moet doen. Het zal ook geen universitair- of volwassenenonderwijs zijn, van welke aard dan ook. Het wordt een school voor burgers van de onderling verbonden wereld. Men zal gratis op die school kunnen studeren en de staat zal het financieren met het geld dat bespaard wordt, want het ambtenarenapparaat krimpt in. Omdat werkloosheidsuitkeringen de staat minder kosten dan het onderhouden van mensen die verborgen werkloos zijn, zal de staat overschotten hebben waarmee er in maatschappelijke doelen geïnvesteerd kan worden.

Ook zal het groeiende besef van onze onderlinge verbondenheid een sfeer scheppen waardoor het gemakkelijker wordt voor degenen die wat kunnen delen om dat te doen met degenen die niets hebben. Enige aanpassing van de belastingen is ook waarschijnlijk, al is het maar in de vorm van het innen van de werkelijke belastingen, in plaats van het feit dat de rijken ze ontwijken door middel van boekhoudkundige slimheid.

Deze veranderingen moeten echter vrijwillig plaatsvinden, als een grote meerderheid in de samenleving onze onderlinge verbondenheid en onderlinge afhankelijkheid eenmaal erkent en dergelijke hervormingen ondersteunt. De overgang moet eenvoudigweg natuurlijk en spontaan plaatsvinden en niet van bovenaf gedicteerd worden.

Ook hoeft het delen met minder bedeelden niet in de vorm van geld te gebeuren. Het kunnen ook verlaagde huurprijzen voor woningen zijn, de winstmarges op basisproducten kunnen verkleind worden om de minder draagkrachtigen te helpen, en zo zijn er nog tal van andere manieren om de samenleving te ondersteunen.

De school voor de burgers van de verbonden wereld zal aan de deelnemers beurzen toekennen, net zoals universitaire studenten toelagen en beurzen krijgen. De beurs voor deelname aan deze school voor globalisering zal als een beurs worden beschouwd en niet als een werkloosheidsuitkering omdat werkloosheidsuitkeringen nogal eens een negatief sociaal label hebben, terwijl dat met beurzen niet zo is. Het is heel belangrijk dat leerlingen van die nieuwe school zich zelfverzekerd en zelfs trots voelen omdat ze daar zijn. Dit zal hen ontvankelijker maken voor de stof die wordt onderwezen.

Op de 'globaliserings school' zullen mensen leren omgaan met zichzelf in een wereld die verbonden is, waar mensen voor hun levensonderhoud afhankelijk zijn van anderen. Ze zullen over het verloop van de evolutie leren, zoals het hier eerder beschreven is, over de noodzaak om onze samenleving aan die koers aan te passen, de voordelen van die aanpassing en de nadelen van het vertragen van die aanpassing.

Mensen zullen ook de waarde van communicatie leren, nieuwe manieren om te communiceren en alledaagse vaardigheden, zoals huishoudkunde, interpersoonlijke communicatie en andere basiskennis om in een verbonden wereld te kunnen functioneren, sociale solidariteit, aandacht voor anderen en het bewaken van het milieu.

Omdat mensen veel meer vrije tijd zullen hebben, zullen ze die tijd kunnen gebruiken om nieuwe vaardigheden te leren, dat zal nieuwe mogelijkheden bieden bij het zoeken naar een baan - hetzij als een gelegenheid om nieuwe mensen te ontmoeten of om nieuwe wegen te openen om aan de samenleving bij te dragen. Aangezien werkloosheid de norm zal zijn, kunnen mensen in ieder geval op school blijven zolang ze er serieus leren.

Elke nuttige bekwaamheid, of het nu gaat om landbouw of computerprogrammering, zal in de toekomst even belangrijk zijn als nu. Omdat het levensonderhoud van mensen niet zal afhangen van hun vermogen om hun producten te verkopen, zullen ze zich alleen maar hoeven te concentreren op het ontwikkelen van wat echt nodig en nuttig is. Ze zullen producten maken die geschikt zijn om lang mee te gaan, in plaats van producten met een geplande veroudering om mensen te dwingen meer uit te geven dan ze zouden moeten of willen.

Mensen zullen tijd hebben om te socialiseren. Ze zullen nog steeds naar school of naar hun werk gaan, maar er zal veel meer vrije tijd zijn dan nu en mensen zullen die tijd gebruiken om te socialiseren, zoals we hierboven al zeiden. Socialiseren is echter geen doel op zich, maar een middel tot verrijking, een leermiddel, een kans om inzicht te krijgen in nieuwe kennisgebieden, nieuwe diepten van denken, of simpelweg om het persoonlijk vertrouwen te vergroten doordat men meer vrienden heeft (echte vrienden, geen vrienden op sociale media).

Wat de toekomst betreft: het leven zal er over een paar jaar heel anders uitzien. Tegenwoordig zijn mensen zo gestrest dat ze nauwelijks tijd hebben om adem te halen. We leven in een constante rat race op een almaar ronddraaiend, accelererend wiel. Maar als de industrie contracteert en we niet zoveel uren meer hoeven te werken, zullen we tijd hebben om onze interesses en onze sociale banden te cultiveren. Dit is onze kans om echte persoonlijke groei en waar geluk te ervaren.

In zijn column in *The New York Times*, 'De Aarde is Vol', bespreekt Thomas Friedman, auteur van *De Wereld is Plat: Een Korte Geschiedenis Over De 21e-Eeuw*, het boek van Paul Gilding: *De Grote Disruptie: Waarom de Klimaatcrisis Het Einde Van het Winkelen en de Geboorte van een Nieuwe wereld Zal Brengen*.
Friedman citeert Gilding als volgt: "Als je meer bomen kapt dan er

groeien, heb je geen bomen meer." Nu de impact van de op handen zijnde Grote Disruptie ons raakt, schrijft Gilding: "Onze reactie zal proportioneel dramatisch zijn en zal ons evenzeer mobiliseren als tijdens een oorlog. We zullen veranderen op een schaal en met een snelheid die we ons vandaag de dag nauwelijks kunnen voorstellen, we zullen onze economie, inclusief onze energie en de vervoersindustrie, in slechts een paar korte decennia volledig transformeren."

Friedman schrijft dat we ons volgens Gilding zullen realiseren dat het consument gestuurde groeimodel wordt doorbroken en dat we moeten overgaan op een meer op geluk gericht groeimodel, gebaseerd op mensen die minder werken en minder bezitten. "Hoeveel mensen," vraagt Gilding, "liggen er op hun sterfbed en zeggen: 'Ik wou dat ik harder gewerkt had of meer aandeelhouderswaarde had opgebouwd ' en hoeveel zeggen: 'Ik wou dat ik naar meer balspellen was gegaan, meer boeken had voorgelezen aan mijn kinderen, meer wandelingen had gemaakt?'" Daarvoor heb je een groeimodel nodig dat erop gericht is mensen meer tijd te geven om van het leven te genieten, maar dan wel met minder spullen.

Het prachtige concept van Gilding van een op geluk gebaseerd groeimodel vereist onderwijs dat heel anders is dan het onderwijs dat we momenteel aan onze kinderen geven. Dit onderwijs moet zich meer richten op waarden dan op 'spullen', de verbinding tussen mensen bevorderen en een gezonde, ondersteunende sociale omgeving beschouwen als het belangrijkste element van het geluk van mensen. Dergelijk onderwijs is mogelijk en de methoden bestaan, maar we moeten ze nog implementeren. In het volgende hoofdstuk zullen we enkele manieren presenteren die we kunnen toepassen om een samenleving op te bouwen die ondersteuning geeft aan wie we als individu zijn, een samenleving waaraan we kunnen bijdragen en in ruil daarvoor kunnen genieten van de voordelen ervan.

HOOFDSTUK 4
SCHOLEN DIE ONDERWIJZEN EN NIET ALLEEN LESGEVEN

"De wereld herstellen betekent het onderwijs herstellen."

Janusz Korczak, opvoeder

Tot dusver hebben we ons gericht op de volwassen samenleving in het algemeen en het onderwijs voor volwassenen in het bijzonder. Onze toekomst hangt echter af van hoe we onze kinderen opvoeden, niet onszelf. Daarom is het zinvol om enkele basisprincipes te introduceren van het onderwijs aan kinderen in de nieuwe wereld.

Leren Te Verbinden - Op School

Niet alleen de media moeten veranderen. Als scholen 'Verbindings Lessen' zouden onderwijzen, als je 'praktische onderlinge verbondenheid' zou kunnen studeren aan de universiteit of 'pro-sociaal netwerken' zou kunnen coachen voor individuen en bedrijfspersoneel, zou er een geheel nieuwe sociale sfeer, een nieuwe hype ontstaan, namelijk verbondenheid. Binnen een paar maanden zouden mensen het gevoel krijgen dat er een echt alternatief is voor het egocentrisme - een alternatief dat meer waarde biedt tegen lagere kosten.

Alles zou veranderen. In plaats van anderen te commanderen, zou het delen van ideeën de manier worden om in contact te komen met collega's en leeftijdsgenoten op school. Persoonlijke tests op scholen en universiteiten zouden verouderd raken omdat de vaardigheden van mensen niet meer worden afgemeten naar de mate waarin ze antwoorden kunnen onthouden. In plaats daarvan zouden tests een afspiegeling moeten zijn van de mate waarin individuen *verbinding maken*, het niveau waarop ze informatiekanalen hebben ontwikkeld. In een dergelijke situatie zou een persoonlijke test niet relevant zijn, een groepsopdracht zou een veel geschikter evaluatiemiddel zijn.

De internetsite IPBIZ 66 citeerde een werkgever die de problemen met de individualistische benadering zo duidelijk en mooi verwoordde dat het ons allemaal veel kan leren over de communicatie met andere mensen. "In GEEN enkele industrie wordt samenwerking beschouwd als misleiding. Alleen op SCHOOL is dit een probleem. Wat leren we onze kinderen? Ik ben werkgever. Ik wil dat mijn werknemers ... netwerken opbouwen van mensen die hen kunnen helpen. Ik worstel met deze hele 'dat is misleiding - houding'. Het is iets dat ik mijn werknemers AF MOET LEREN. Het maakt mij NIET uit of je weet hoe je iets moet doen, het maakt mij wel uit dat je kunt bedenken hoe je het moet uitvoeren. De meeste bedrijven ... hebben werknemers nodig die informatie weten te vinden en weten toe te passen, en niet mensen met een schat aan feiten in hun hoofd."

Naar aanleiding van zijn klacht over de onjuiste aanpak van het schoolsysteem, beschrijft de auteur de wenselijke benadering: "Het argument dat de school ervan uitgaat dat dingen uit het hoofd leren en individueel werken, jou leert denken, is een absolute misvatting. Als we mensen echt willen leren denken, zouden we een les moeten hebben, genaamd: *Hoe Moeten We Denken*, en geen les over de Oude Griekse Geschiedenis. Je leert geen denkvaardigheden door 30 mensen te dwingen dezelfde namen, data en evenementen te onthouden. Je doet het door principes te onderwijzen en door de essentiële vaardigheden aan te leren die het onderwijssysteem beweert te willen creëren. We hebben meer behoefte aan 'Hoe te Denken', 'Hoe Samen te Werken', 'Hoe te Onderhandelen', 'Hoe Een Conflict Op te Lossen' dan aan 'Een heleboel dingen voor een test te onthouden.'"

Als we onze manier van leren veranderen, zal ons sociale leven ook ten goede veranderen. Als verbondenheid de sleutel is tot ons succes en geluk, ontwikkelen we onze verbindingen.

De Cirkel Rond Maken

Verbindingen worden niet alleen op het werk gelegd, maar ook voor een groot deel tijdens onze 'vrije' uren. Als gevolg hiervan zou het maken van uitstapjes, gezelligheid, spelen en gewoon met elkaar praten veel populairder moeten worden, omdat dit niet alleen een recreatieve waarde heeft, maar beschouwd kan worden als een bijdrage aan ons leven als geheel.

Als kinderen hiermee opgroeien en deze mentaliteit op het werk wordt toegepast, zal de sfeer veel gezelliger worden, omdat socialiseren een hulpmiddel is voor persoonlijke en professionele ontwikkeling. Bovendien zal, door waardering voor onze onderlinge afhankelijkheid en het belang van positieve sociale verbindingen, de frequentie van oneerlijk of onrechtvaardig gedrag op het werk verminderen. Zoals Christakis opmerkte in de eerdergenoemde lezing: "Als ik altijd gewelddadig naar je zou zijn ... of je verdriet zou doen ... zou je de banden met mij verbreken en zou het netwerk uiteenvallen." Dit zou contraproductief zijn voor onze persoonlijke en professionele vooruitgang.

Het basisconcept is eenvoudig: We zijn allemaal met elkaar verbonden en dus afhankelijk van elkaar. Dit betekent dat wij, als we willen slagen in het aanpakken van onze problemen, ze moeten oplossen in de geest van wederzijdse verantwoordelijkheid, waarbij iedereen garant staat voor het welzijn van de ander.

Als een bedrijf bijvoorbeeld besluit dat de bedrijfsprestaties moeten verbeteren en geschikt moeten worden voor de geglobaliseerde wereld, zou het bedrijf een coach voor wederzijdse garantie kunnen inhuren om werkgevers en werknemers te leren om te werken en te denken *als een bedrijf in een verbonden wereld*. De resultaten zouden moeten bestaan uit verbeterde interpersoonlijke relaties, een betere informatiestroom in het hele bedrijf, een groter vertrouwen op alle niveaus en een grondiger onderzoek naar elke fase in het ontwerp en de fabricage van producten, er zouden betere producten geleverd kunnen worden en de relaties met de klanten zouden beter zijn.

De School Van De Nieuwe Wereld

De school van de nieuwe wereld zal niet meer het doel hebben om informatie in de hoofden van kinderen te stampen zodat ze voor hun examens zullen slagen. In plaats daarvan moet de school kinderen voeden en opvoeden tot mens, of beter nog, *menselijk*. Kinderen moeten informatie krijgen over het soort wereld waarin ze zullen leven als ze opgroeien. Ze moeten de middelen krijgen om verbindende en communicatieve personen te worden, zoals we dat ook aan volwassenen leren, en we hopen dat zij dat ook zullen worden, dat ze in staat zullen zijn om echte, duurzame relaties van wederzijdse garantie op te bouwen.

Om dat te doen, moeten we een pro-sociale omgeving op school opzetten en - wat heel belangrijk is - een pro-school omgeving thuis. In plaats van te leren hoe ze de beste van de klas kunnen worden, moeten kinderen leren hoe ze een samenleving kunnen opbouwen waarin ze allemaal met elkaar verbonden zijn, waar een sfeer is van vriendschap en gelijkwaardigheid.

Om te beginnen gaan ze in cirkels zitten in plaats van in rijen met losstaande tafels. Ze kunnen les krijgen door middel van verschillende soorten spellen die communicatieve en sociale vaardigheden opbouwen en de kracht - en daardoor een gevoel van verbondenheid - ervaren die door deze vorm van studie gecreëerd wordt.

Het concept van sociaal leren in plaats van individueel leren, is geen theoretisch begrip. Het is al talloze malen met herhaaldelijk succes uitgeprobeerd. In feite heeft heel veel onderzoek de voordelen van sociaal leren in vergelijking met individueel leren zo duidelijk bewezen, dat je je afvraagt waarom we de voor de hand liggende voordelen niet eerder hebben opgepakt.

In een essay genaamd '*Een Educatief Psychologisch Succesverhaal: Sociale Interdependentietheorie en Coöperatief Leren*' presenteren professoren van de Universiteit van Minnesota, David W. Johnson en Roger T.

Johnson, een overtuigend argument voor de 'sociale interdependentietheorie'. De conclusies die ze trokken, waren gebaseerd op "meer dan 1200 onderzoeksstudies die de afgelopen 11 decennia zijn gedaan naar coöperatieve, competitieve en individualistische inspanningen."

Johnson en Johnson vergeleken de effectiviteit van coöperatief leren met individueel, competitief leren. De resultaten waren overduidelijk. Ze concludeerden dat in termen van individuele verantwoordelijkheid en persoonlijke verantwoordelijkheid "De positieve onderlinge afhankelijkheid die groepsleden met elkaar verbindt, leidt tot gevoelens van verantwoordelijkheid voor (a) het voltooien van iemands eigen aandeel in het werk en (b) het vergemakkelijken van het werk voor de andere groepsleden. Bovendien, als de prestaties van een persoon de resultaten van de anderen beïnvloeden, voelt die persoon zich verantwoordelijk voor het welzijn van de anderen en voor zijn/haar eigen welzijn." Jezelf in de steek laten is slecht, maar naast jezelf ook anderen in de steek laten, is nog erger.

Met andere woorden, positieve onderlinge afhankelijkheid verandert individualisten in zorgzame, samenwerkende mensen, het is compleet tegengesteld aan de huidige cultuur waar overmatig individualisme het niveau van narcisme heeft bereikt.

Om de voordelen van samenwerking aan te tonen, hebben de onderzoekers de prestaties van studenten die samenwerkten, gemeten en vergeleken met anderen die wedijverden met elkaar. "De gemiddelde samenwerkende persoon bleek ongeveer twee derde standaarddeviatie te vertonen ten opzichte van de gemiddelde persoon die in een competitieve of individualistische situatie presteerde."

Om de betekenis van een dergelijke verbetering te begrijpen, moet u zich voorstellen dat de cijfers van iemand die een gemiddelde D-student is, door samen te werken met anderen zullen stijgen naar een verbazingwekkend A + -gemiddelde. Ze schreven ook: "Samenwerking heeft in vergelijking met competitieve en individualistische inspanningen, de neiging om op langere termijn te blijven bestaan, men heeft een grotere innerlijke motivatie, betere verwachtingen voor succes, denkt creatiever ... en er is een positievere houding ten opzichte van de opdrachten en school."

Bij samenwerkend leren is het niet de taak van de leraar om de lesstof op te leggen, maar vooral om de kinderen te begeleiden. Ze moeten hun leraar zien als iemand met kennis, maar ook als een volwassen vriend. Docenten en leerlingen zitten in een cirkel bij elkaar, op gelijke hoogte, en discussiëren als gelijken. Hier maken superioriteit en controle plaats voor een zorgvuldige begeleiding waarbij kinderen geholpen worden om zelf dingen te ontdekken door middel van overleg en groepsinspanningen.

Kinderen leren communiceren, hun meningen te delen en te argumenteren, terwijl ze elkaar ook respecteren vanwege hun persoonlijke eigenschappen en uniekheid. Hierdoor kan iedereen zijn of haar gedachten vrijelijk uiten en kunnen de speciale eigenschappen van elke leerling ontdekt worden. Op deze manier zullen kinderen hun wereldbeeld uitbreiden en nieuwe ideeën en perspectieven ontdekken.

Door deze manier van leren te herhalen, leren kinderen de onderlinge verbinding te waarderen als hun meest geliefde bezit, omdat dit hen alle kennis en kracht geeft die ze in zich hebben. Ze gaan het fijn te vinden om met anderen samen te werken, de waarde van iedere persoon wordt niet gemeten naar individuele uitmuntendheid, maar naar de bijdrage van iemands kwaliteiten en inspanningen voor het succes van de groep.

De studiegroepjes zullen klein zijn en in elke groep zullen een of twee kinderen zitten die twee tot drie jaar ouder zijn dan de anderen, want kinderen hebben een natuurlijke neiging om voorbeelden van oudere kinderen over te nemen, deze instructeurs kunnen de beste leraren zijn, want de leerlingen zullen van nature proberen hen te imiteren en zo van hen leren. Deze instructeurs zullen er zelf ook veel bij winnen: een dieper begrip van de lesstof, een grotere zelfkennis en een mogelijkheid om bij te dragen aan en goedkeuring te krijgen van de samenleving.

De Cirkel Rond Maken

Een Nieuwe Benadering van Discipline

Het disciplineren van kinderen zal heel anders gebeuren dan op onze huidige scholen. Als er sprake is van wangedrag zullen de kinderen zelf, samen met de volwassenen en professionals, beslissen hoe ze met de situatie om zullen gaan. Kinderen moeten constructief en kritisch leren denken en het analyseren van momenten van kleine crises is een geweldige kans om een dergelijke vorm van denken te leren. Als een kind zich misdraagt, gaat de groep bij elkaar zitten en bespreken ze hoe ze ermee om kunnen gaan en kunnen voorkomen dat het nog eens gebeurt.

De discussie zal niet theoretisch zijn, maar heel praktisch: kinderen (niet degenen die bij het incident betrokken zijn) gaan de situatie naspelen en aan de groep vertellen hoe ze zich voelden en waardoor ze zich gedroegen zoals ze deden, ze vertellen ook verdere informatie die relevant is voor de gebeurtenis. Vervolgens leiden ze een groepsdiscussie zodat alle kinderen - zodra er een beslissing is genomen - daadwerkelijk 'ervaren' dat ze 'in de schoenen' van alle partijen hebben gestaan. Op deze manier kunnen ze op een veel betere, invoelende en begripvolle manier conclusies trekken.

Door dergelijke discussies leren kinderen om problemen vanuit verschillende invalshoeken te bekijken en te beseffen dat het oké is en zelfs natuurlijk om veel verschillende opvattingen over hetzelfde onderwerp te hebben. Bovendien zullen kinderen, door herhaalde simulatie en onderzoek van ideeën vanuit verschillende gezichtspunten, leren dat ze hun gedachten kunnen veranderen, spijt kunnen krijgen, fouten kunnen erkennen en vertrouwen kunnen ontwikkelen om de mening van hun vrienden te rechtvaardigen boven hun eigen mening.

Frequente Verkenningen

Hoewel het op scholen gebruikelijk is om bepaalde onderwerpen en locaties buiten de officiële leerplannen te verkennen, is het belangrijk om excursies tot een routine te maken. Het is raadzaam als de kinderen minstens één keer per week uitstapjes maken en rondleidingen krijgen om hen te helpen de wereld waarin ze leven van 'dichtbij' te leren kennen. Bij de aanbevolen uitstapjes horen plekken die ze normaal niet zouden zien of begrijpen, zoals banken, politiebureaus, allerlei musea, fabrieken en rechtbanken.

Natuurlijk moet er iedere keer, voorafgaand aan deze excursies, een discussie plaatsvinden over de plek die ze gaan bezoeken, wat ze ervan verwachten, wat ze al weten over die plek, de functie ervan in ons leven en hoe het functioneert. De kinderen gaan bespreken of en hoe de plek die ze gaan bezoeken de samenleving ten goede komt, wat voor soort mensen daar werken en wat voor training en opleiding men nodig heeft om daar te werken. Na de rondleiding delen de kinderen hun indrukken en wat ze geleerd hebben van de excursie, op die manier verrijken ze elkaar met hun inzichten.

Door deze verkenningen zullen kinderen de wereld op een veel persoonlijker manier leren kennen dan wanneer ze alleen maar op tv van alles zien, want dan beïnvloedt het perspectief dat de regisseur wil laten zien de informatie die ze krijgen en de interpretatie ervan. Soms, zoals bij musea, zullen kinderen deze plekken helemaal niet kennen, alleen via school.

Naast het leren over de plek die ze bezoeken, zullen ze - door van alles te leren kennen wat hun leven beïnvloedt - uit de eerste hand het netwerk gaan voelen waarmee de menselijke samenleving verbonden is. Ze zullen door hun 'praktijkervaringen', door simpelweg verschillende plekken te bezoeken, de functie ervan in ons leven te zien en ook de verbindingen met andere plekken die ons beïnvloeden, leren dat de wereld geïntegreerd is en dat alles met alles verbonden is. Deze informatie is essentieel voor het vertrouwen van een kind en zijn voorbereiding op een leven na school.

<h1 style="text-align:center">De Cirkel Rond Maken</h1>

Een ander belangrijk leermiddel is de videocamera. Het is raadzaam om alle lessen op video vast te leggen. In feite zijn dit geen 'lessen' maar meer discussies en groepswerk. Kinderen raken snel gewend aan de aanwezigheid van een camera en ze zullen zich op een natuurlijke manier gedragen, dan kunnen ze zichzelf eens vanaf de zijlijn zien door gebeurtenissen na te spelen die speciale aandacht vereisen. Als ze een video van een bepaalde situatie bekijken, kunnen ze duidelijker analyseren hoe ze als groep hebben gewerkt, hoe ze met problemen en met elkaar zijn omgegaan. Dit zal hen helpen om hun voortgang bij het opbouwen van hun contacten goed te kunnen beoordelen en hen laten zien waar ze kunnen verbeteren.

Samen Veranderen Promoten

"We zijn geenszins vreemden voor elkaar en we zijn verbonden door een gemeenschappelijke bestemming. Deze turbulente tijden moeten ons steeds dichter bij elkaar brengen."

Christine Lagarde,
Algemeen directeur Internationaal Monetair Fonds

De veranderingen in de samenleving die we hebben beschreven, zowel van volwassenen als van kinderen, zullen een nieuwe sfeer in onze samenleving creëren. Deze veranderingen zullen elk deel van ons leven beïnvloeden: werk, familie, vrienden, school, het gerechtelijk apparaat, de media, interpersoonlijke betrekkingen, internationale betrekkingen, handelsbetrekkingen, enzovoort.

Het is interessant dat we niet eens de hele samenleving nodig hebben om deze transformatie in gang te zetten, maar dat een relatief klein aantal mensen genoeg is. Wetenschappers van het prestigieuze Rensselaer Polytechnic Institute (RPI) ontdekten dat zelfs als maar tien procent van de bevolking een overtuiging of een geloof deelt, de rest van de samenleving het overneemt. Uit wiskundige modellen blijkt dat er dan een plotselinge sprong in acceptatie plaatsvindt: onder de tien procent is het effect nauwelijks merkbaar. Maar zodra de grens van tien procent bereikt is, verspreidt het zich als een lopend vuur.

Aangezien het internet in het algemeen - en sociale netwerken in het bijzonder - de snelle verspreiding van ideeën mogelijk maakt, is het voldoende als we gaan praten over de noodzaak om ons boven alle verschillen uit met elkaar te verbinden om zo onze toekomst veilig te stellen en dit idee bij zoveel mogelijk mensen te introduceren. Wetenschappers van de RPI namen Tunesië en Egypte als voorbeeld voor een dergelijk proces, ze zeiden: "In die landen werden dictators die decennialang aan de macht waren plotseling, binnen enkele weken, ten val gebracht."

Als je erover nadenkt, wil waarschijnlijk veel meer dan tien procent van de bevolking in een veiliger, vriendelijker wereld leven, dus de kans om tien procent van de bevolking er hard voor te maken, waardoor de verschuiving wordt ingezet, is veel groter dan het op het eerste gezicht lijkt.

Campagne Voeren Voor Ons Leven

Wederzijdse garantie is te vergelijken met een bol die almaar groter wordt door tegenstellingen met elkaar te verbinden. Het is waar dat we in alle opzichten anders zijn: in ons denken, onze gewoonten, karakters en lichamen. Tegelijkertijd begrijpen we dat de realiteit dicteert dat we ons moeten verenigen en samenwerken. Een samenleving die de boodschap uitdraagt dat wederzijdse garantie de fundamentele wet van het leven is, zal ervoor zorgen dat we dit concept niet alleen met ons verstand begrijpen, maar er ook naar streven om het in ons dagelijks leven te implementeren. Net zoals goede reclame een grote heisa rond een nieuw product of dienst creëert, om ons te dwingen het te kopen, zal het creëren van een heisa rond het concept wederzijdse garantie ons het gevoel geven dat we het gewoon moeten hebben, moeten voelen hoe het is om op deze manier te leven.

De Cirkel Rond Maken

Door systematisch en consistent te bouwen aan een samenleving die mondiaal denkt, zal ieder van ons een inclusieve perceptie van de wereld ontwikkelen. In plaats van 'ik' en 'zij' zullen we de werkelijkheid gaan zien als 'wij' en 'ons'. We zullen veranderen van de wens naar persoonlijke bevrediging naar de wens om het grote publiek te bevredigen. Dan breidt ons gezichtspunt zich uit van persoonlijk naar collectief en komen we tot nieuwe inzichten.

"Veelheid is alleen maar buitenkant. In werkelijkheid is er slechts één geest."

Erwin Schrödinger, natuurkundige, een van de grondleggers van de kwantummechanica

HOOFDSTUK 5
SOCIALE RECHTVAARDIGHEID

"Het Westen wordt uitgedaagd om niet zomaar groei aan te dragen, maar vooral inclusieve groei, wat in het meest doorslaggevende geval tot grotere sociale rechtvaardigheid leidt."

Mohamed A. El-Erian, CEO van PIMCO, auteur van 'Als Markten Botsen'

De wereldwijde sociale onrust van 2011 vormde een serieuze uitdaging. Enerzijds is het verlangen om een behoorlijke levensstandaard voor iedereen te bewerkstelligen begrijpelijk en gerechtvaardigd. Anderzijds is het zo, dat regeringen hun begrotingen alleen kunnen verhogen als ze functionele economieën in stand kunnen houden. In een tijd waarin vrijwel de hele wereld een langdurige economische crisis doormaakt en sommige landen in gevaar zijn door een dreigende insolventie, is het onverantwoord om de begrotingen, die al een groot tekort hebben, te verhogen. Toch eisen mensen sociale rechtvaardigheid, en terecht. Dus wat moeten de regeringen doen? Hoe gaan ze verder zodat zowel de burgers als het land ervan profiteren?

Allereerst is het belangrijk om niet te vergeten dat "De aanzienlijke problemen waarmee we worden geconfronteerd, niet kunnen worden opgelost op het denkniveau dat gehanteerd werd toen we ze creëerden", aldus Einstein.

Boaz Schwartz, CEO van een delegatie van de Deutsche Bank in Israël, zei in een speciaal forum dat door de Israëlische financiële krant *Globes* was samengesteld: "We mogen de intense sociale emoties die we zien niet onderschatten. Deze emoties zullen de komende jaren grote gevolgen hebben. We moeten ons voorbereiden op een wereld van sociale concepten, gelijke verdeling van inkomsten en verschillende prijzen ... Landen die zichzelf niet aanpassen, zullen het moeilijk krijgen, hun economieën zullen eronder lijden."

We moeten ons ook realiseren dat de economie de aard van onze onderlinge relaties weerspiegelt, en die worden vervolgens weer in monetaire betrekkingen 'vertaald'. De verdeling van de geldmiddelen in de samenleving en de basis van de sociaaleconomische ideologie vloeien voort uit de waarden van de samenleving en de relaties tussen haar leden. Daarom is economie geen natuurwet of een harde wetenschap zoals natuurkunde of scheikunde dat zijn.

Joseph Stiglitz, winnaar van de Nobelprijs voor economie, zei in een lezing tijdens de Lindau Nobel Laureate Meeting van Economische Wetenschappen in 2011: "De test voor elke wetenschap is voorspelling. Als je zoiets belangrijks als een wereldwijde financiële crisis of de omvang van de crisis die we nu meemaken, niet kunt voorspellen, is er duidelijk iets mis met je model."

Stanley Fischer, vice-voorzitter van het Amerikaanse Federal Reserve System, voormalig gouverneur van de Bank of Israel en voormalig eerste adjunct-directeur van het Internationaal Monetair Fonds (IMF), zei in een video-interview met CNBC's Senior Economisch Reporter, Steve Liesman: "We bevinden ons op zeer moeilijk terrein. De draaiboeken van vijf jaar geleden hadden niet verwacht dat we ons nu in deze situatie zouden bevinden ... Je werkt onder extreme omstandigheden en de draaiboeken weten niet precies wat te doen in dergelijke gevallen."

Als we op weg zijn naar de sociale, communicatieve en educatieve veranderingen die in het vorige hoofdstuk zijn beschreven, zullen we in staat zijn om een nieuw, inclusief economisch concept te construeren, een concept dat gebaseerd is op het maatschappelijk belang en synchroon loopt met de wetten van de nieuwe wereld. De besluitvormingsprocessen en de uitvoering ervan, de structuur van het sociaal-economisch systeem, de verbindingen tussen besluitvormers en degenen die de beslissingen uitvoeren, zullen plaats moeten vinden vanuit een gevoel van wederzijdse garantie.

Met andere woorden, de juiste volgorde van de operaties die ons een duurzaam welzijn zullen garanderen, begint met een uitleg over de noodzaak van wederzijdse garantie en onderwijs om in de nieuwe wereld te kunnen leven. Op basis van die behoeften zullen de sociale en economische systemen opnieuw worden gedefinieerd en geconstrueerd. In de tussentijd, totdat die definities beschikbaar zijn en de reconstructie is uitgevoerd, moeten we rondetafelgesprekken houden, waarbij alle deelnemers gelijkwaardig zijn en samen overeenstemming bereiken over het soort hulp dat degenen die minder welvarend zijn voor hun basisbehoeften nodig hebben.

We zullen uitwerken hoe we zo'n overeenkomst in korte tijd kunnen bereiken, maar allereerst is het belangrijk om op te merken dat een dergelijke verdeling van fondsen op zich niet voldoende zal zijn om ons welzijn te waarborgen. De zorg voor het welzijn van anderen verlangt van ons dat we iedereen een minimuminkomen geven om een fatsoenlijk leven te kunnen leiden. Deze middelen, samen met voorlichting over de persoonlijke financiën (huishoudkunde), zullen het ons mogelijk maken om het genezingsproces van de samenleving te bevorderen.

Leren om akkoord te gaan

Om overeenstemming en sociale rechtvaardigheid te bereiken, moeten vertegenwoordigers uit alle delen van de samenleving bijeenkomen in rondetafelgesprekken. Deze vertegenwoordigers dragen een zware verantwoordelijkheid, opererend als 'hoofden' van de menselijke familie. Zonder het gevoel dat de hele mensheid één familie is, zullen de vertegenwoordigers aan tafel er niet in slagen om rechtvaardige beslissingen te nemen.

Een andere noodzakelijke voorwaarde voor het welslagen van de discussies is transparantie. Alle beraadslagingen moeten live uitgezonden worden. Ruzies, geschillen en de moeilijke besluitvormingsprocessen moeten allemaal worden uitgezonden als dit besproken wordt. Alles moet zich voor de ogen van de hele wereld ontvouwen. In zekere zin zal dit een nieuw soort reality show zijn, maar één waarvan de gevolgen ieder van ons, elk lid van de menselijke familie, zal raken. En net als bij een reality show zullen de kijkers inspraak hebben in de uiteindelijke beslissingen.

In deze real reality show zullen de kijkers, dat wil zeggen wij allemaal, ook aan tafel zitten, in die zin dat we keuzes moeten maken, ze moeten uitleggen en dat we moeten meedenken. Mensen zullen over prioriteiten moeten beslissen. Dit zal een langdurig proces zijn dat ieders deelname en betrokkenheid vereist, omdat we allemaal deel uitmaken van deze samenhangende puzzel, de mensheid genaamd.

Het zal absoluut geen eenvoudige oefening zijn, maar omdat we onze samenleving helemaal opnieuw gaan opbouwen, zal het niet anders kunnen. Pas als we de hele menselijke familie bij de beslissingen betrekken, kunnen we onszelf als een echte familie beschouwen.

Studies hebben aangetoond dat wanneer mensen betrokken worden bij een besluitvormingsproces, hun betrokkenheid een positieve, zorgzame houding naar dat proces teweegbrengt, ongeacht welk besluit er genomen wordt. Met andere woorden, zelfs als de uiteindelijke beslissing andere sectoren van de samenleving ten goede komt dan die van henzelf, zullen mensen die bij de beslissing betrokken waren de uiteindelijke beslissing eerder steunen, zelfs als ze deze aanvankelijk niet goedkeurden. Op deze manier zal het gevoel dat de burgers worden genegeerd door de besluitvormers die onder druk staan van lobbyisten, veranderen in een gevoel van sociale solidariteit en vertrouwen.

In feite moet de Ronde Tafel bij al onze beslissingen onze werkwijze zijn. Het moet onderdeel worden van het managementmodel van de samenleving en de staat. Het leven stelt ons vaak voor de noodzaak om discussies te voeren, problemen op te lossen, ze te rangschikken, te beoordelen en prioriteiten te stellen. De Ronde Tafel is een perfect middel om ons te leren hoe we ons werkelijk als één gezin kunnen voelen en samenwerken.

De Cirkel Rond Maken

Echter, en dit is belangrijk, iedereen - op het niveau van de stad, de staat of de wereld - als één familie zien, betekent niet dat we onze individuele opvattingen moeten opgeven. Integendeel, alle opvattingen en benaderingen hebben hun eigen waarde. De erkenning dat we allemaal één familie zijn, vraagt van ons dat we begrijpen dat anderen, met andere opvattingen, ook een plaats in het gezin hebben. Maar wat nog belangrijker is, we moeten leren om verschillende opvattingen als een bron van verrijking te beschouwen. Dergelijke opvattingen bieden nieuwe perspectieven, nieuwe benaderingen voor het oplossen van problemen en nieuwe informatie waarvan we niet op de hoogte konden zijn toen er geen andere opvattingen voorhanden waren dan de onze.

Door de waarde van het algemeen belang te verhogen, kan iedereen zijn eigen opvattingen opgeven als dat nodig is. Als we eenmaal onze mening hebben gepresenteerd en vervolgens erkennen dat de mening van een ander het algemeen belang beter dient dan onze eigen mening, zullen we die andere mening overnemen en ondersteunen, net zoals in een gezin het collectieve belang voorrang heeft boven al het overige. Inderdaad, waarom kan de wereld niet als één familie zijn? Is dit niet de ware betekenis van sociale rechtvaardigheid? Is er een andere manier om dit te bereiken en te behouden?

Het begin van dit nieuwe wereldbeeld zal waarschijnlijk niet zo soepel verlopen en we kunnen verschillen en hindernissen verwachten. Niettemin, als we dit proces ingaan om tot echte overeenstemming te komen, zullen we leren dat een open discussie ons in staat stelt om onze verschillen uit te werken en een brede consensus te bereiken.

De Ronde Tafel is zeker niet alleen het idee van een open discussie onder gelijken. Het is ook een educatief proces van ongekende omvang op nationaal en internationaal niveau. Het leert ons dat, als we een gemeenschappelijk doel nastreven zoals leren om ons boven ons egocentrisme uit te verenigen, onze onderlinge verschillen ons helpen om dit sneller te bereiken.

Iedere keer als we een hindernis of een geschil overwinnen, wordt ook de band tussen ons verstevigd en wordt de nieuwe structuur van de samenleving steviger. Dit zal ons het vertrouwen geven dat we elk probleem aankunnen en het constructief kunnen aanpakken zonder te vrezen dat de samenleving het niet aankan. Als we tot een samenleving willen komen waarin iedereen zich prettig en welkom voelt, is dit vertrouwen nodig.

De Voordelen van Wederzijdse Garantie

*"Ik definieer succes nu anders dan vijf of tien jaar geleden.
Tegenwoordig wordt succes een functie die gaat over wat we samen met de rest
van de wereld kunnen doen om anderen te helpen."*

Bill Gross,
beroemd obligatie-investeerder en een van de rijkste mensen ter
wereld

Zoals hierboven is uitgelegd, verlangt de nieuwe wereld dat we de methode van wederzijdse garantie toepassen. Op het eerste gezicht lijkt wederzijdse garantie misschien een naïef idee, onpraktisch in het dagelijkse leven. De implementatie van de methode van wederzijdse garantie heeft echter zeer reële gevolgen voor de samenleving en de economie. Hieronder noteren we drie van de meest voor de hand liggende implicaties: een positief sociaal klimaat, meer overschotten en lagere kosten voor levensonderhoud.

1.   **Een positief sociaal klimaat:** Betrokkenheid bij positieve sociale waarden zal een positieve sfeer creëren die voor elke groei noodzakelijk is. Er zal een frisse wind waaien en mensen zullen hoopvol zijn over de toekomst. In een samenleving die solidariteit en wederzijdse inachtneming aanmoedigt, zal geleidelijk een gevoel van echt wederzijds vertrouwen ontstaan. Dat gevoel hangt niet af van persoonlijke rijkdom, maar van het besef dat anderen om ons geven en hun toewijding aan de samenleving vormgeven. Alleen in een dergelijke ondersteunende omgeving zullen we er zeker van zijn

dat we niet worden gebruikt, dat anderen er niet op uit zijn ons 'te pakken te nemen'.

2. Meer overschotten: Wederzijdse garantie zal de overschotten doen toenemen. Bedenk eens hoeveel 'spullen' we in huis hebben die we niet nodig hebben. Als elke persoon, elk bedrijf, elke gemeente en de overheid zich onderdeel voelen van een collectieve 'familie', zullen er enorme overschotten ontstaan op het gebied van voedsel, goederen en diensten. Deze kunnen worden weggegeven zodat anderen ze kunnen gebruiken, en de geld overschotten zullen worden gebruikt om een deel van de huidige behoeften te dekken. Dit zal de noodzaak om begrotingen of belastingen te verhogen aanzienlijk verminderen.

3. Lagere kosten voor levensonderhoud: Tegenwoordig wordt de prijs van goederen en diensten bepaald door bedrijven die ernaar streven om zoveel mogelijk winst te behalen. Door het belang van wederzijdse garantie in het publieke debat te vergroten, zullen deze bedrijven meer rekening moeten houden met het algemeen belang, wat op zijn beurt weer zal leiden tot lagere prijzen voor iedereen.

4. Als het publiek geen waardering meer heeft voor degenen die het meeste geld verdienen en in plaats daarvan degenen waardeert die het meest bijdragen aan de samenleving, zal de natuurlijke drang naar goedkeuring ervoor zorgen dat bedrijven een meer pro-sociaal gedrag gaan tonen.

In zijn verhaal *"Waarom Goed Doen Goed Is Voor Bedrijven"* beschreef Richard McGill Murphy, medewerker van CNN Money, de zaak van de Medicijn Reus Pfizer die gratis medicijnen weggaf. Dit verhaal toont het positieve effect aan dat publieke goedkeuring of een vermaning kan hebben op een bedrijf. "Toen de werkloosheid in 2009 naar 10% kroop", schreef McGill Murphy, "besloot de Farmaceutische Reus Pfizer een goede daad te verrichten. Voor klanten die in 2009 hun baan waren kwijtgeraakt en geen dekking meer hadden voor hun recepten, zou Pfizer 70 soorten van zijn merkgeneesmiddelen ... een jaar lang gratis leveren. Voor een bedrijf waarvan de reputatie enige schade had opgelopen - waaronder 2,3 miljard dollar aan boetes voor het ongeoorloofd op de markt brengen van medicijnen aan artsen - was het niet recept-plichtige programma de kosten meer dan waard. "We hebben het gedaan omdat we van mening waren dat het de juiste beslissing was", zegt Jeffrey Kindler, de CEO van Pfizer. "Het was motiverend voor onze medewerkers en we kregen veel reacties van onze klanten. Op de lange termijn zal het ons bedrijf ten goede komen."

Alles wat hierboven is gezegd, toont aan dat wederzijdse garantie geen abstract begrip is, maar een praktisch concept dat voor iedereen een substantieel inkomen oplevert. Wederzijdse garantie creëert sociale en economische waarden en is de sleutel tot de oplossing van onze problemen op sociaal, economisch en politiek niveau.

Bij ongelijkheid is er vraag naar sociale rechtvaardigheid. Ons ego zal ons nooit toestaan dat we ons minder voelen dan anderen, niet gerespecteerd, vernederd of waardeloos. Een dergelijke angst kan niet met geld alleen worden opgelost, het vereist een meer inclusieve aanpak. Als we geen samenleving kunnen opbouwen waarin iedereen even belangrijk is, waar iedereen echt naar elkaar luistert en voor elkaar zorgt, waar iedereen werkelijk gelijke kansen heeft om waardig te leven, zal de innerlijk bitterheid exploderen, zoals de bloedige chaos die zich in veel landen nog steeds voordoet, laat zien.

Onze toekomst staat op het spel, de oplossing ligt in het veranderen van onze sociale waarden en het helen van onze onderlinge relaties, zowel op persoonlijk vlak als tussen burgers en staat. De toepassing van wederzijdse garantie zal ons naar werkelijke sociale rechtvaardigheid leiden en het is daarom de sleutel tot duurzaamheid en welvaart. Wederzijdse garantie brengt ons niet alleen economische en financiële zekerheid, maar zal ook ons vertrouwen in het leven, onze gemoedsrust en ons geluk - wat we al vele tientallen jaren missen in onze wereld - herstellen.

Deel 2

Ontwikkelen In Cirkels

Inleiding Tot
Deel Twee

"Jouw leven en mijn leven vloeien in elkaar over zoals de ene golf in de andere golf overvloeit, en alleen als er vrede en vreugde en vrijheid voor jou bestaat, kan er ook echte vrede en vreugde en vrijheid voor mij bestaan."

Amerikaanse auteur, Frederick Buechner

In Deel 1 spraken we veel over de menselijke aard. We zeiden dat we de neiging hebben naar egocentrisme en dat onze buitensporige hoeveelheid egoïsme elk aspect van de samenleving uit balans haalt, wat de verwarring en de conflicten die we nu overal ter wereld zien tot gevolg heeft. We bespraken ook hoe ieder ander deel van de natuur het egocentrisme in evenwicht brengt met de behoeften van de omgeving, en omdat wij geen evenwicht brengen, wij de voornaamste veroorzakers zijn van de problemen in onze wereld.

In Hoofdstuk 1 zeiden we dat het menselijk lichaam op een perfecte wijze synchroon samenwerkt met al zijn cellen en organen. Elk deel van ons lichaam draagt bij aan het welzijn van het lichaam, terwijl het lichaam weer zorgt voor de behoeften van elke cel en elk orgaan. We hebben ook aangetoond dat, wanneer cellen voor zichzelf beginnen te werken in plaats van voor het lichaam, het lichaam een terminale situatie ontwikkelt die bekend staat als 'kanker'. Ten slotte zeiden we dat de mensheid vandaag de dag kankerachtig gedrag vertoont door niet aan elkaar te denken maar alleen aan zichzelf, waardoor onze planeet, onze medemensen en uiteindelijk ook wij zelf een enorm grote schade veroorzaken.

In de inleiding van dit boek spraken we over een methode die ons kan helpen om ons bewustzijn ten aanzien van onze onderlinge afhankelijkheid te ontwikkelen, een methode die ons leert hoe we onze persoonlijke vaardigheden kunnen ontwikkelen en ze ten behoeve van de samenleving kunnen gebruiken. We noemden het 'Integrale Educatie' (IE). Kortom, IE het helpt ons om meer als een groep en minder als individu te werken, waardoor we profiteren van de voordelen die eenheid ons allemaal brengt.

IE kan zowel op scholen als bij volwassenen in verschillende sociale vormen worden toegepast. Wijlen Dr. Anatoly Ulianov en ik bespraken de implementatie van IE op scholen in het boek *De Psychologie van de Integrale Gemeenschap*. In dit boek wil ik graag ingaan op de meer informele en terloopse situaties die wij als volwassenen dagelijks kunnen tegenkomen.

IE voor volwassenen gebruikt drie eenvoudige hulpmiddelen om tot eenheid te komen: Spel, Connectie Cirkels (CC) en Ronde Tafels (RT). In wezen zijn zowel CC als RT speciale vormen van workshops en de spellen helpen ons om in de juiste sfeer te komen tijdens de inleidende fase van de workshop.

In dit gedeelte willen we enkele leuke manieren waarop we de hulpmiddelen gebruiken, met u delen, zodat u er ook van kunt genieten. We zullen ons best doen om ze zo duidelijk mogelijk uit te leggen en ze gebruiksvriendelijk maken, zodat iedereen die dit boek leest IE kan uitproberen met vrienden, familie, buiten, overal waar mensen bij elkaar komen.

Hier volgen de basisprincipes van de drie elementen die we gebruiken:

Spelletjes

Spelletjes zijn leuk. Wanneer je wilt dat mensen geïnteresseerd raken in een idee dat je presenteert, moet je het aantrekkelijk maken. Als mensen het woord 'spel' horen (of lezen), verwachten ze meteen dat ze zullen genieten. Met andere woorden, door simpelweg het woord 'spel' of 'spelletje' te noemen roept het de gedachte op: "Hier gebeurt iets interessants dat ik misschien wel leuk ga vinden." Dus men denkt meteen: "Dit wil ik uitproberen."

In dit boek bieden we verschillende spelletjes aan die we tijdens onze sessies vaak met mensen spelen. Je kunt ze gebruiken als je wilt, maar je kunt ook elk ander spel gebruiken dat de geest van saamhorigheid en samenwerking bevordert zonder competitie op te roepen. Als we de concepten verderop in dit boek uitleggen, zul je zien hoe je ook je eigen spelletjes kunt verzinnen en deze kunt aanpassen aan specifieke gelegenheden en situaties.

In IE gebruiken we de spelletjes voornamelijk om het ijs te breken en om onze eenheid en verbinding te versterken. Teambuilding spelletjes zijn perfect voor dit doel.

Connectie Cirkels (CC)

Een Connectie Cirkel (CC) is een eenvoudig en effectief hulpmiddel om warmte en een gevoel van harmonie tussen mensen te creëren. Het werkt even goed met volslagen vreemden als met mensen die elkaar al jaren kennen.

CC-discussies volgen een paar eenvoudige discussieregels die helpen om een positieve sfeer te creëren. Deze regels helpen deelnemers om nieuwe en positieve invalshoeken te ontdekken tussen oude vrienden en echtgenoten. Ze helpen zelfs om volstrekte vreemden, soms in minder dan een uur tijd, goede vrienden te laten worden.

Een ander pluspunt van de CC-discussies is dat ze niet opdringerig zijn en de deelnemers niet verplichten om zich uit te laten over onderwerpen die ze liever voor zichzelf houden. Cirkels zijn geen groepstherapie, ze zijn een middel om iets gemeenschappelijks te vinden, iets wat we als mens met elkaar delen, om de voordelen van diversiteit te ontdekken en in het algemeen, om mensen vrienden te laten worden.

Ronde Tafels (RT)

Het rondetafelgesprek (RT) is een meer gespecialiseerde vorm van Connectie Cirkels, het is in de eerste plaats bedoeld om conflicten op te lossen. In tegenstelling tot andere vormen van verzoening of verzachtende methoden, probeert RT geen compromis te sluiten waar iedereen mee kan leven. In plaats daarvan helpt het om mensen dichter bij elkaar te brengen en de vijandigheid op te lossen die mensen die met elkaar in conflict zijn vaak naar elkaar koesteren. Zodra dit bereikt is, verdwijnt het probleem waardoor het geschil in de eerste plaats werd veroorzaakt, vaak samen met het conflict.

Het aantal en de diversiteit van conflicten die met deze unieke aanpak zijn opgelost, is werkelijk verbazingwekkend en varieert van botsende etnische groepen tot buurtbewoners die ruzie hadden met hun gemeentebestuur en het oplossen van persoonlijke conflicten. RT's zijn met succes toegepast in New York, Moskou, Tel Aviv, Toronto en vele andere plaatsen over de hele wereld, het geeft aan dat de methode in alle culturen werkt. Het succes van de discussies bewijst bovenal dat het grootste probleem in menselijke contacten niet is dat we elkaars standpunt niet willen weten, maar dat we elkaars hart niet bereiken. Ons gebrek aan affiniteit scheidt ons en als gevolg daarvan worden we vijandig en onoplettend naar elkaar toe. Om een eerste indruk te krijgen van het succes van de RT-discussie vorm, kunt u de volgende video bekijken: http://bit.ly/1KokFq4.

De RT is een heel effectief middel, maar het is niet zozeer een typisch Doe Het Zelf instrument vanwege de gevoeligheden die vaak ontstaan bij het samenbrengen van botsende partijen. Als u hulp nodig heeft bij het oplossen van een conflict en u wilt het RT-format uitproberen, kunt u ons schrijven via de contactinformatie aan het einde van dit boek, dan zal ons team van vrijwilligers zijn best doen om u te helpen.

Laten we nu, zonder verder uitstel, enkele ideeën voor spellen en cirkels onderzoeken die we allemaal kunnen uitproberen met vrienden, familie en zelfs onbekenden, afhankelijk van de sociale omgeving.

HOOFDSTUK 6
LATEN WE GAAN SPELEN

"Spelletjes vormen de meest hoogstaande vorm van onderzoek."

Albert Einstein

Zoals we in de inleiding van dit deel al hebben opgemerkt, zijn spelletjes een geweldige warming-up voor wat later een workshop wordt, hetzij in de vorm van een Connectie Cirkel of een Ronde Tafel. De spelletjes die hier worden voorgesteld, helpen je bij het starten van een workshop of bij de een of andere sociale bijeenkomst. Spelletjes zijn leuk, daardoor zijn ze een geweldig hulpmiddel om het ijs te breken als mensen zich ongemakkelijk bij elkaar voelen, of als je soepeler naar een nieuwe fase in de workshop wilt gaan.

Soms zijn spelletjes zo leuk dat mensen liever nog een poosje willen blijven spelen voordat ze aan de workshop beginnen, als ze dat al willen. Dat is oké, maar voel de gemoedstoestand van mensen goed aan, want niet iedereen voelt zich op zijn gemak bij sociale spellen.

De ARI-instructeurs begeleiden regelmatig CC's op veel verschillende plekken, het komt vaak voor dat de ene cirkel heel enthousiast is als de instructeur een spel voorstelt, maar als dezelfde instructeur een uur later hetzelfde spel aan een andere groep mensen voorstelt, komt het ook voor dat ze gewoon opstaan en vertrekken.

Als je het niet zeker weet, ga dan voor iets heel lichts wat vooral niet intimiderend is, zoals "Laten we onze namen eens introduceren (grote glimlach). Mijn naam is Michael (en dan een bemoedigende glimlach naar de persoon die naast hem zit om zijn of haar naam te zeggen)." Deze introductie geeft je de kans om erachter te komen of ze voelen voor een spelletje of dat je met een workshop moet beginnen. Opmerking: het is ons overkomen dat mensen het zelfs lastig vonden om hun naam te noemen. Vat het niet persoonlijk op, niet iedereen is een kandidaat voor een Connectie Cirkel.

We verdelen de spellen over het algemeen in twee categorieën: IJsbrekers en Teambuilders. Zoals de namen al doen vermoeden, zijn de ijsbrekers voor het allereerste begin, als mensen elkaar nog niet kennen. Een of twee hiervan zijn voldoende om de cirkel op te warmen en het ijs te breken. Teambuilders worden meestal tijdens de workshop gebruikt en niet aan het begin, ze zijn helpend om de teamgeest die onder de deelnemers wordt opgebouwd te versterken. Teambuilders worden zelden gebruikt in cirkels met onbekenden, maar ze zijn uitstekend geschikt voor cirkels waar mensen elkaar al kennen en elkaar regelmatig ontmoeten om de sociale banden tussen hen te verbeteren en te versterken.

Hier volgen een paar voorbeelden van ieder soort spel. We hebben ze vaak met succes gebruikt, dus we weten dat ze werken, maar zoals we net al zeiden, gebruik ze verstandig en spaarzaam, als dat nodig blijkt.

IJsbrekers

"Een eerlijke glimlach is een ijsbreker."

Toba Beta,
schrijver en econoom

Marktplaats

Wat je nodig hebt:
• Speelse sfeer
• Vellen papier
• Pennen/potloden

Waar je het speelt:
• Kamer

• Grasveld
• Kleine zaal of klaslokaal

Hoe je het speelt:
• Elke deelnemer schrijft iets op dat hij of zij zou willen weten over de andere deelnemers.
• De deelnemers lopen door de ruimte totdat zij een signaal horen, dan gaan ze een gesprek aan met degene die tegenover hem/haar staat, ze wisselen de notities uit en beantwoorden de vraag die in de notitie staat.
• Herhaal dit meerdere keren.

Het Radiospel

Wat je nodig hebt:
• Speelse sfeer

Waar je het speelt:
• Overal, het is meer geschikt voor een grote groep mensen, omdat mensen zich in kleine groepen een beetje ongemakkelijk kunnen voelen bij het spelen van dit spel.

Hoe je het speelt:
• De deelnemers kiezen een lied en een 'dirigent'.
• De deelnemers beginnen te zingen met een gematigd volume, daarna doet de dirigent langzaam zijn hand omhoog en laat deze ook weer langzaam zakken.
• Hoe hoger de hand van de dirigent, hoe luider de deelnemers zingen. Hoe lager de hand van de dirigent, hoe zachter ze zingen, totdat ze alleen nog maar hun lippen in stilte bewegen.
• Herhaal dit verscheidene keren en ga dan verder met een ander spel of een andere fase van de workshop. Eén lied is genoeg voor dit spel.

Persoonlijk verhaal

Wat je nodig hebt:

• Speelse sfeer
• Stoelen die je hebt meegenomen of iets anders waar mensen op kunnen zitten. Zelfs een grasveld is prima (zolang het niet kriebelt).

Waar je het speelt:
• Overal, het is meer geschikt voor kleinere en meer intieme groepjes. Probeer dit niet te spelen met cirkels van meer dan 10 mensen, want dan kan het te lang duren.

Hoe je het speelt:
• Elke deelnemer vertelt een verhaal over iets wat hij of zij draagt. Een vrouw kan bijvoorbeeld iets vertellen over een ketting die haar dochter haar voor haar verjaardag heeft gegeven.

Tel tot tien

Wat je nodig hebt:
• Speelse sfeer
• Stoelen die je hebt meegenomen of iets anders waar mensen op kunnen zitten. Zelfs een grasveld is prima (zolang het niet kriebelt).

Waar je het speelt:
• Ruimte voor kleinere en meer intieme groepjes, meestal tot 10 à 12 deelnemers.

Hoe je het speelt:
• Deelnemers staan of zitten in een kring.
• Dan, zonder planning vooraf, moeten ze van 1 tot 10 tellen, waarbij elke persoon niet meer dan één nummer zegt.
• De eerste deelnemer zegt 'Eén', de volgende zegt 'Twee', enz.
• Ze mogen van tevoren niet plannen of iemand aanwijzen die daarna iets moet zeggen, als twee mensen tegelijk hetzelfde nummer zeggen, moeten ze weer vanaf het begin gaan tellen.
• Als de deelnemers het getal 10 bereiken, proberen ze het opnieuw met de ogen dicht.
• Het idee is daarbij om te proberen elkaar te leren aanvoelen in plaats van op een visuele manier te communiceren.

• Een andere versie: het spel kan ook met woorden worden gespeeld; de groep probeert woorden alfabetisch van A tot Z in de groep te 'gooien'. Als twee mensen tegelijkertijd spreken, beginnen ze opnieuw.

Wind-regen-storm

Wat je nodig hebt:
• Speelse sfeer

Waar je het speelt:
• Overal, meer geschikt voor een grote groep mensen, omdat mensen zich in een kleine groep een beetje ongemakkelijk kunnen voelen bij het spelen van dit spel.

Hoe je het speelt:
• De deelnemers volgen de bewegingen van de begeleider, ze wrijven over hun handpalmen, waardoor het geluid van de wind ontstaat.
• Vervolgens volgen ze de begeleider en beginnen ze zachtjes met hun vingers te knippen, waardoor het geluid van een lichte regen ontstaat.
• Als ze in hun handen klappen, klinkt het als hagel en als ze met hun voeten stampen, klinkt het als donder.
• Daarna herhalen ze dit in omgekeerde volgorde.
• Eerst doen ze het met hun ogen open, dan met hun ogen dicht en luisteren ze naar elkaar, dan stoppen ze en is iedereen stil.

Teambouwers

"Individuele toewijding aan een groepsinspanning, is wat een team doet werken, een bedrijf doet werken, een maatschappij doet werken, een beschaving doet werken."

Vincent Thomas "Vince" Lombardi

Spiegel

Wat je nodig hebt:
• Speelse sfeer

Waar je het speelt:
• Kamer
• Grasveld
• Kleine zaal of klaslokaal
• Geschikt voor groepen van 10 of meer personen

Hoe je het speelt:
• De deelnemers verdelen zich in paren en staan tegenover elkaar.
• Ze beginnen langzaam te bewegen en moeten elkaars bewegingen 'spiegelen'.
• Daarna vormen elke twee paren een kwartet en herhalen ze het spel met z'n vieren. Daarna vormen ze octetten en tenslotte doet iedereen mee in één grote cirkel.

Verstrengeling

Wat je nodig hebt
• Speelse sfeer

Waar je het speelt:
• Kamer
• Grasveld
• Kleine zaal of klaslokaal
• Voor groepen tot 10 personen

Hoe je het speelt:
• De deelnemers staan in een cirkel en strekken hun handen uit naar het midden van de cirkel.
• Elke deelnemer pakt iemands linkerhand met zijn rechterhand en iemands rechterhand met de linkerhand.
• Belangrijk: deelnemers pakken niet de hand van de personen die aan weerszijden naast hen staan.

De Cirkel Rond Maken

• Nu zijn ze helemaal met elkaar verstrengeld en moeten ze hun handen ontwarren totdat ze allemaal hand in hand in de cirkel staan, ze mogen tijdens het ontwarren elkaars handen nooit loslaten.
• Opmerking: misschien wil je grote groepen opsplitsen in groepjes van 5 à 6 personen om het hen gemakkelijker te maken, maar het kan ook in grotere groepen worden gespeeld, alleen duurt het dan wat langer.

Wederzijdse verantwoordelijkheid

Wat je nodig hebt:
• Speelse sfeer

Waar je het speelt:
• Kamer
• Grasveld
• Kleine zaal of klaslokaal
• Voor groepen van maximaal 8 personen

Hoe je het speelt:
• Deelnemers staan in een cirkel, armen naar voren gestrekt, de schouders moeten elkaar raken (dit is belangrijk).
• Eén deelnemer stapt naar het midden van de cirkel, doet zijn ogen dicht en laat zijn armen losjes vallen.
• Als alle deelnemers klaar zijn, laat de deelnemer in het midden van de cirkel zich met de ogen dicht opzij vallen, terwijl zijn beide voeten stevig op de grond blijven staan in het midden van de cirkel.
• De andere deelnemers voorkomen dat de deelnemer in het midden valt door hem of haar constant (zachtjes) terug naar het midden te duwen.

Evenwicht bewaren

Wat je nodig hebt:
• Speelse sfeer

* Plastic beker
* Knikker
* Stuk stof

Waar je het speelt:
* Kamer
* Grasveld
* Kleine zaal of klaslokaal

Hoe je het speelt:
* Markeer een bepaald punt in de ruimte als 'Start' en een ander punt (niet te ver daarvandaan) als 'Finish'.
* Leg een knikker op een omgekeerde plastic beker en zet de beker op een stuk stof.
* De deelnemers houden de randen van het doek vast en proberen de beker met de knikker er bovenop van Start naar Finish te brengen zonder de knikker van de bovenkant van de beker te laten vallen.

Complimenten Spel

Wat je nodig hebt:
* Speelse sfeer

Waar je het speelt:
* Kamer
* Grasveld
* Kleine zaal of klaslokaal
* Voor groepen van maximaal 10 à 12 mensen die elkaar al kennen, je wilt ze dichterbij elkaar brengen

Hoe je het speelt:
* Deelnemers zitten of staan relatief dicht bij elkaar in een kring, maar bij voorkeur niet bij mensen die ze al goed kennen.
* De begeleider geeft de richting aan (met de klok mee of tegen de klok in) waarin de complimenten gegeven worden, en de deelnemers geven een compliment aan degene links of rechts van hen volgens de instructies van de begeleider. Als de begeleider

heeft aangegeven dat de complimenten tegen de klok in moeten gaan, zullen de deelnemers de persoon aan hun rechterkant een compliment geven.

Belangrijke punten:
1) Er spreekt maar één persoon tegelijk, zodat iedereen de complimenten kan horen.
2) Deelnemers mogen op geen enkele manier kritisch zijn. Het is een complimentenspel, dus zelfs als deelnemers iemand moeten complimenteren die ze niet mogen, moeten ze hun best doen, want dat is nu juist het hele punt van het spel.
3) Speel het alleen als je zeker weet dat je, zelfs als het niet werkt, toch door kunt gaan met de sessie. Maar als het werkt, werkt het betoverend.

Verbonden verhalen

Wat je nodig hebt:
• Speelse sfeer
• Pennen/potloden
• Rechthoekige stukjes papier, Post-it of notitiekaarten

Waar je het speelt:
• Kamer
• Kleine zaal of klaslokaal
• Voor groepen tot 10 personen

Hoe je het speelt:
• De deelnemers staan of zitten in een cirkel.
• Een van de deelnemers noteert een zin die een gebeurtenis of een situatie beschrijft die hij of zij heeft meegemaakt en legt de notitie in het midden van de cirkel. De zin moet kort en simpel zijn, zoals: "Twee weken geleden was er in mijn buurt zo'n lange stroomstoring dat ik thuis niets kon doen, dus toen heb ik de hele dag op het strand doorgebracht."
• Vervolgens schrijft een andere deelnemer een zin op een blaadje waarin een gebeurtenis of situatie wordt beschreven die hem of haar is overkomen, maar die aansluit bij de vorige zin.

Bijvoorbeeld: "Het strand (dat aansluit op de vorige zin) is mijn favoriete tijdverdrijf. Ik zou mijn huis direct aan het strand bouwen als ik kon." Daarna legt de deelnemer deze notitie naast de vorige.
• De deelnemers blijven de aantekeningen verbinden door zinnen die elkaar opvolgen, totdat alle deelnemers hun zinnen hebben opgeschreven.
• Tenslotte lezen ze met elkaar alle aantekeningen en zien ze welk verhaal er uit hun verbonden ervaringen tevoorschijn is gekomen.

HOOFDSTUK 7
IN DE CIRKEL

"We moeten uiteindelijk een cirkel vormen waarin we allemaal worden opgenomen, waarin we allemaal als gelijkwaardig worden beschouwd."

Barbara Deming

De Connectie Cirkel (CC) is het meest gebruikte hulpmiddel bij Integrale Educatie (IE) voor volwassenen. Het is een eenvoudige en effectieve vorm voor discussie die warmte en harmonie creëert tussen mensen, of ze elkaar nu kennen of elkaar net hebben ontmoet.

De cirkel heeft een unieke vorm: geen hoeken en geen begin of einde. Je kunt niet aan het hoofd van een ronde tafel zitten, want een cirkel heeft geen hoofd, alle punten zijn even ver van het midden verwijderd. Koning Arthur's Ridders van de Ronde Tafel wisten dit en voerden hun discussies nu juist rond zo'n tafel om te benadrukken dat ze samen hun beslissingen hadden genomen, zonder dat een ridder zijn mening aan de anderen opdrong.

Vanwege deze unieke eigenschappen symboliseert de cirkel gelijkheid. Mensen die in een kring zitten, voelen zich meestal evenwaardig. Hierdoor kunnen ze bijdragen aan de anderen in de kring en ook van hen ontvangen zonder dat ze zich hoeven te beschermen tegen kritiek van anderen. Om die sfeer te behouden, geldt voor veel mensen die CC's leiden de regel dat het strikt verboden is om iemand neer te halen. Zodra er kritiek in de cirkel komt, vliegen harmonie en warmte het raam uit.

De Flow van de Cirkel

"Want om de beurt zijn zij belangrijk als er rondgegaan wordt in de cirkel, zij gaan in elkaar over en groeien als aan hen de beurt toevalt."

Empedocles (Grieks filosoof, zoals vertaald door Arthur Fairbanks)

CC's hebben een heel eenvoudige flow
1. Speel een spel (optioneel)
2. Leid een workshop
3. Deel impressies (optioneel maar sterk aanbevolen)

1) De spellen die we spelen

Spelletjes zijn vaak een geweldige manier om mensen te laten glimlachen en ervoor te zorgen dat zij zich dichter bij elkaar voelen. Spelletjes zijn ook geweldige ijsbrekers als mensen in de cirkel zich om de een of andere reden ongemakkelijk voelen, dus je moet altijd een paar leuke, korte spelletjes bij de hand hebben die meteen klaar zijn voor gebruik.

In het vorige hoofdstuk hebben we enkele ijsbrekers en teambuilding spelletjes beschreven, maar je hoeft niet specifiek die spelletjes te kiezen. We bieden nog veel meer op http://integral-society.com/ en je kunt altijd je eigen spellen kiezen of zelf een spel bedenken.

Als je zulke spelletjes kent, willen we graag dat je ze met ons deelt op http://integral-society.com/ Let erop dat de spelletjes niet-competitief mogen zijn, kort zijn en dat er bij voorkeur weinig tot geen hulpmiddelen nodig zijn. Markers, notitieblaadjes en pennen zijn prima. Evenals een strandbal of een stuk touw als je zoiets bij de hand hebt. Maar houd het in het algemeen simpel.
Als je een CC hebt met mensen die elkaar niet kennen, is het meestal een goed idee om te beginnen met een of twee korte inleidende spelletjes. Als je denkt dat mensen zich er ongemakkelijk bij voelen en misschien wel weglopen zodra je het woord 'spel' noemt (dat is wel eens gebeurd), doe dan iets wat minder verplichtend is, zoals een korte introductie door de naam te laten noemen en (misschien) de geboorteplaats.

Nog een idee dat goed werkt, is een combinatie van een ijsbreker en een introductiespel. De deelnemers noemen hun naam en iets wat ze echt leuk vinden (activiteit, sport, eten, kleur, etc.), zoals "Mijn naam is Michael en mijn favoriete sport is zwemmen."

CC's verlopen volgen bepaalde discussieregels. Als je ze kunt introduceren tijdens de ijsbreker en/of de inleidende spellen, zal de workshop daarna wat soepeler verlopen. Je kunt bijvoorbeeld zeggen dat we, als we ons voorstellen, dit om de beurt doen en in een bepaalde richting: met de klok mee of tegen de klok in. Aangezien het één van de regels is om één voor één te spreken, en bij voorkeur in een specifieke richting, weten de deelnemers dat al als het tijd is om de regels van de workshop uit te leggen.

2) Workshop - het hart en de ziel van CC's

Met of zonder spel, het hart en de ziel van de Connectie Cirkels is de workshop. Daar maken we de verbinding! Zodra mensen bereid zijn om hun hart een beetje te openen, kun je overschakelen naar de workshopmodus en je eerste vraag stellen.

Vergeet niet dat het doel van de workshop is om mensen te laten genieten van de verbinding! Het is geweldig om een fijne tijd te hebben met vrienden die iets doen wat iedereen leuk vindt. Maar hier hebben we het over een ander niveau van geluk. Als mensen zich verbonden voelen, voelen ze zich vol vertrouwen, ontspannen en zijn ze optimistisch.

Ze voelen dit omdat ze verbinding maken met de fundamentele kwaliteit van verbinding waar we het in deel één over hadden. We willen dat ze het kunnen ervaren en leren hoe ze het naar wens kunnen aanboren. De vragen die we tijdens de workshop stellen, moeten dus allemaal gericht zijn op het vergroten van het besef dat verbinding en eenheid niet alleen goed zijn, maar ook essentieel voor ieders geluk.

Zo'n diepe indruk is er niet altijd de eerste keer als mensen met een CC meedoen, maar wel al in enige mate. Als mensen herhaaldelijk deelnemen aan CC's, zullen ze het zeker ervaren, dus blijf het gewoon proberen, het lukt op een keer.

In dit hoofdstuk zullen we een paar voorbeelden van workshop vragen beschrijven, maar je bent natuurlijk van harte welkom om je eigen vragen te stellen. Houd rekening met de richtlijnen voor het stellen van goede workshop vragen, zodat je de deelnemers naar het gewenste verbindingspunt kunt brengen.

Wat Wel en Wat Niet te Doen bij het Maken van Workshop Vragen

Wel Doen

1. Begin met algemene vragen en word gaandeweg iets specifieker. Als je een workshop geeft over ouderschap, kun je beginnen met zoiets als: "Hoe zou jij je het ideale gezin voorstellen?" De overgrote meerderheid van de mensen zal het hebben over de kwaliteit van de verhoudingen tussen de gezinsleden als het belangrijkste element in een ideaal gezin. Als ze elkaar aanvullen en inzichten toevoegen aan deze idyllische scène, raken ze geïnspireerd voor een dergelijk idee en willen ze het ook toepassen. Vervolgens kun je vragen naar manieren om het toe te passen.

2. Elke vraag moet gericht zijn op positieve verbindingen. Bijvoorbeeld: "Waarom is het belangrijk voor ons om vrienden te hebben?" Of: "Het is wetenschappelijk bewezen dat mensen die samenwerken beter presteren in hun werk dan mensen die concurreren. Waarom denk je dat het zo is?"

3. Probeer positieve emoties op te roepen. Als je workshop bijvoorbeeld gaat over relaties tussen mensen in een gemeenschap, kun je vragen: "Kan je een gemeenschap bedenken die voor onze gemeenschap een goed voorbeeld is? Wat kunnen we van die gemeenschap overnemen?"
De kans is groot dat mensen dan gaan praten over de relaties en de onderlinge verantwoordelijkheid van mensen in die gemeenschap. Onthoud dat je mensen het gevoel wilt geven dat geluk in positieve verbindingen ligt.

Niet Doen

1. Overlaad de workshop niet met te veel vragen. Voor een goede workshop van een half uur of langer, zijn 5 à 6 vragen voldoende.

2. Stel geen vragen die negatief kunnen worden geïnterpreteerd. Bijvoorbeeld een vraag als: "Waarom zijn we zo bezorgd over de reacties van anderen op ons?" zal waarschijnlijk onaangename emoties oproepen. De juiste manier om dit onderwerp aan de orde te stellen, zou zijn: "Beschrijf eens reacties die je een goed gevoel geven en je hart openen voor mensen."

3. Zowel positieve als negatieve reacties aanmoedigen kan ook nadelig zijn. Terugkomend op de vraag over de reacties van mensen, zou zo'n vraag er ongeveer zo uit kunnen zien: "Beschrijf eens een positieve reactie die je van iemand hebt gekregen en beschrijf eens een negatieve. Hoe voelde je je bij elk van die reacties?"
Natuurlijk voelt iedereen zich beter bij de goede reactie, het noemen van de negatieve reactie zal waarschijnlijk onaangename herinneringen en beelden oproepen bij zowel de spreker als de andere deelnemers.

De Regels Van Het Spel

"Toen de stam voor het eerst in een kring ging zitten en ermee instemde om slechts één persoon tegelijk te laten spreken, was dat de grootste stap voorwaarts in de geschiedenis van de wet."

William Curtis Bok, Schrijver en rechter bij het Hooggerechtshof

Er zijn maar weinig CC-discussieregels, ze zijn eenvoudig, aannemelijk en hebben als doel om eenheid en warmte onder de deelnemers te bevorderen.

1. Gelijkheid: in de cirkel is niemand belangrijker of minder belangrijk; iedereen is gelijk en heel belangrijk! Begin de discussie met iemand die naast je zit en ga in de afgesproken volgorde de cirkel rond.

2. Blijf bij onderwerp. Iedereen doet zijn best om gefocust te blijven op het onderwerp.

3. Luister naar de anderen in de kring. We spreken om de beurt zonder de woorden van een andere deelnemer te onderbreken. We luisteren aandachtig naar degene die aan de beurt is om te spreken en we proberen om de mening van die persoon te voelen en te begrijpen alsof we die persoon zijn. Dit doen we bij iedereen!

4. Er mogen geen argumenten of veroordelende reacties zijn, er mag ook geen kritiek zijn, zelfs niet als we het niet eens zijn met wat er wordt gezegd. Op onze beurt voegen wij onze eigen visie toe. Zie de discussie als een verwarmend vuur tijdens een koude nacht in een bos. Alle deelnemers werken eraan om het vuur brandend te houden en ieder voegt zijn of haar stuk hout aan het vuur toe. De stukjes kunnen heel verschillend zijn, maar ze dragen allemaal bij aan het gemeenschappelijke doel om de warme vlam brandend te houden.

5. Stel een tijdslimiet in. In het ideale geval duurt het niet langer dan een minuut voordat een spreker de 'fakkel' doorgeeft aan de volgende spreker.

De regels van de workshop zijn algemene richtlijnen, geen regels in strikte zin. Bovenal is het je doel om verbinding, warmte en een gevoel van eenheid aan te moedigen en niet om je aan strikte richtlijnen te houden. Als je over moet gaan naar de volgende persoon in de cirkel, en een deelnemer heeft te lang heeft gesproken, geef dat dan voorzichtig aan.

Houd er rekening mee dat hij of zij waarschijnlijk niet heeft gemerkt dat het te lang duurde omdat er iets heel emotioneels gedeeld werd. Met andere woorden, geef mensen de tijd om zich te uiten, maar laat ze geen 'toespraken' houden waardoor ze de controle over de discussie krijgen en op die manier de gelijkmatige, vloeiende stroom van de discussie belemmeren.

Om de deelnemers een voor een te laten spreken, kan je ook een 'aandachtsobject' gebruiken. Een aandachtsobject kan van alles zijn, van een pen tot een bloem tot een opgevouwen stukje papier, zolang iedereen maar weet dat dit het aandachtsobject is, dat de persoon die het vasthoudt de enige spreker is en dat het de bedoeling is dat iedereen aandachtig luistert.

Over het algemeen is het de beste strategie om iemand die zich niet aan de discussieregels houdt te corrigeren door het probleem indirect te benaderen. Je kunt de deelnemers op een bepaald moment tijdens het gesprek aan de regels herinneren. Als je het op een manier doet die niet met een vinger naar iemand in het bijzonder wijst, zal niemand daar aanstoot aan nemen. Je kunt ook aan het einde van een CC-ronde aan de deelnemers vragen om de discussieregels nog eens op te noemen.

Als je zegt: "Laten we elkaar nog eens aan de regels herinneren", heb je een leuke onderbreking gecreëerd tijdens een (mogelijk) intensieve discussie. Kortom, de vuistregel met betrekking tot de regels van de workshop is: "Wees vriendelijk, invoelend en tegelijkertijd assertief."

Een Paar Vragen, Veel (mogelijke) Antwoorden

Als je eenmaal één of twee spelletjes hebt gespeeld (het is niet erg als je dat niet hebt gedaan) en je ziet dat de mensen in de kring glimlachen en er klaar voor zijn om meer te doen, is het tijd om ze de echte smaak van verbinding te geven. Er hoeven niet meer dan 5 à 6 vragen in de workshop gesteld te worden en je hoeft ze ook niet allemaal te stellen. Als je na 30 minuten en vier vragen een punt van diepe verbondenheid hebt bereikt met de mensen in de cirkel, is dat prima, ga dan verder met de fase van het delen van de ervaringen. Het is beter dat mensen vertrekken met een verlangen naar meer dan wanneer ze uit de kring stappen met het gevoel dat ze alles hebben ervaren wat de CC te bieden heeft.

Hier volgen een paar mogelijke reeksen vragen voor verschillende settings. Let eens op hoe ze van meer algemene vragen naar meer persoonlijke gaan. De reeksen bevatten meer vragen dan je nodig hebt, dus voel je niet verplicht om ze allemaal te stellen, kies gewoon wat het beste past. Onthoud ook dat je altijd je eigen vragen kunt bedenken, houd je gewoon goed aan 'wel en niet doen' bij het opbouwen van goede workshop vragen, waar we eerder in dit hoofdstuk al over hebben gesproken.

Op http://integral-society.com/ vind je nog veel meer vragenreeksen voor verschillende settings en verschillende situaties. Je zult er ook meer gerichte reeksen vinden, zoals vragen voor Cirkels over relaties, opvoeding, enz. De onderstaande reeksen zijn voorbeelden van CC-vragen die van toepassing zijn op dagelijkse gebeurtenissen en situaties die we allemaal wel eens meemaken.

In het Park of aan het Strand

(Deze reeks heeft betrekking op een dag in een park, maar zal even goed werken voor een cirkel aan het strand als je een paar aanpassingen maakt.)

1. Mensen in een park lijken meer ontspannen en vriendelijker naar elkaar, zelfs als ze elkaar niet kennen. Waarom denk je dat dit zo is?

2. (Optioneel) In de natuur is alles met alles verbonden, totaal. Als we in een park zijn, worden we onderdeel van die totale verbondenheid en daarom voelen we ons goed. Hoe zorgt de compleetheid van de natuur ervoor dat we ons goed voelen?

3. Welke menselijke interactie die je in het park hebt gezien, herinner je je nog omdat je er blij van werd?

4. (Optioneel) Hoe heeft de aanwezigheid in het park, en niet binnenshuis, de positieve interactie tussen jullie bevorderd?

5. Hoe zou het zijn om zulke momenten met iedereen in het park te beleven?

6. Hoe zou het zijn als je zulke momenten met iedereen in je leven zou kunnen hebben?

7. Kun je één of meer manieren bedenken om dit positieve gevoel vaker in je leven te brengen?

8. (Ervan uitgaande dat de cirkel succesvol was) Welk gevoel heb je nu over de mensen in de cirkel vergeleken met het gevoel dat je over hen had voordat de workshop begon?

Aan de Bar

1. Waarom denk je dat mensen, afgezien van de voor de hand liggende reden van alcohol, naar een bar gaan?

2. Waarom voelt het in een buurtkroeg veel warmer en vriendelijker aan dan in een grote nachtclub?

3. (Ervan uitgaande dat de deelnemers hebben gesproken over het feit dat alcohol mensen helpt om zich te openen en zich dichterbij elkaar te voelen) Wat is volgens jou de reden dat we ons hart niet zo voor elkaar kunnen openen zonder alcohol als met alcohol?

4. Als we ons naar elkaar altijd volledig open en vol vertrouwen zouden voelen, zouden we dan net zoveel alcohol drinken als nu?

5. Kun je één of meer manieren bedenken om dit positieve gevoel vaker in je leven tot stand te brengen?

6. (Ervan uitgaande dat de cirkel succesvol was) Welk gevoel heb je nu over de mensen in de cirkel vergeleken met het gevoel dat je over hen had voordat de workshop begon?

Aan de eettafel

(Werkt even goed met familie als met gasten, maak gewoon aanpassingen waar nodig)

1. Het is bijna een verplichting dat er bij elke viering of gelegenheid wat lekkers op tafel staat, bij voorkeur een feestelijke maaltijd. Wat maakt voedsel zo belangrijk bij de belangrijkste gebeurtenissen in

ons leven?

2. De Amerikaanse burgerrechtenactivist Cesar Chavez heeft eens gezegd: "Als je echt een vriend wilt maken, ga dan naar iemands huis en ga samen met hem eten ... aan mensen die jou eten geven, geef jij je hart." Waarom brengt voedsel ons dichterbij elkaar?

3. Mensen gaan tot het uiterste en besteden veel geld om succesvolle maaltijden te bereiden. Maar kan een maaltijd ook succesvol zijn als de mensen die bij elkaar zijn zich niet goed voelen in elkaars gezelschap? Als dat zo is, waarom niet?

4. Wetenschapper, regisseur en schrijfster Louise Fresco heeft over eten gezegd: "Het gaat niet over voedingsstoffen en calorieën. Het gaat over delen." Waarom voelen mensen de behoefte om te delen? Waarom kunnen ze niet alles voor zichzelf houden en er alleen van genieten?

5. Hoe zou het voelen als we zulke momenten van delen met iedereen in ons leven zouden kunnen hebben, en niet alleen aan de eettafel?

6. Kun je één of meer manieren bedenken om dit positieve gevoel vaker in je leven te brengen?

7. (Aangenomen dat de cirkel succesvol was) Welk gevoel heb je nu over de mensen in de cirkel vergeleken met het gevoel dat je had voordat de workshop begon?

3) Als Je Het Belangrijk Vindt, Deel Dan Met Elkaar

Na een paar rondes van vragen en antwoorden is de sfeer meestal heel warm en intiem. Mensen hebben inmiddels gemerkt dat ze zich heel dicht bij de andere deelnemers in de cirkel voelen. Het komt vaak voor dat vreemden na een succesvolle cirkel goede vrienden worden

De Cirkel Rond Maken

In Eilat, een vakantieoord in Zuid-Israël, houdt de Arvut-beweging (voor wederzijdse garantie) regelmatig CC's. Het komt vaak voor dat Joden en Arabieren samen deelnemen aan de Cirkels en er als vrienden uitkomen, e-mails en telefoonnummers uitwisselen en de politiek en alles daaromheen volledig vergeten omdat ze hebben geleerd om zich boven alles te verbinden.

We hebben deze cirkels gedocumenteerd en enkele deelnemers gevraagd om te vertellen hoe ze zich voor, tijdens en na de cirkel voelden. Het overweldigende succes van het samenbrengen van Joden en Arabieren bewijst dat bijna elk conflict kan worden opgelost als we maar boven ons eigenbelang uitstijgen en een gemeenschappelijk punt vinden waar we verenigd zijn. Hier vindt u enkele reacties http://bit.ly/1LQ3OKn

Het delen van indrukken aan het einde van de cirkel wordt ten zeerste aanbevolen, omdat mensen dan ongetwijfeld het gevoel hebben dat ze nader tot elkaar zijn gekomen, maar het vaak nog moeilijk vinden om er woorden voor te vinden. Doordat ze horen wat anderen zeggen, wordt het voor hen ook gemakkelijker om hun hart te openen, en voor je het weet krijg je een waterval van complimenten, dankbaarheid en vreugde.

Op dit punt gekomen, kan je ook wat losser met de regels omgaan. Neem een paar seconden de tijd als de laatste persoon de laatste vraag heeft beantwoord, zodat iedereen alles in zich op kan nemen. Denk eraan dat de laatste vraag in alle reeksen die we voorstelden, was: "Welk gevoel heb je nu over de mensen in de cirkel vergeleken met het gevoel dat je over hen had voordat de workshop begon?"

Je kunt van zo'n moment gebruik maken en voorstellen dat ze, in willekeurige volgorde als ze dat willen (de regels zijn nu dus losser), met elkaar delen hoe ze over elkaar en deze vorm van discussie denken, of hoe ze, wat ze hier hebben ervaren, willen meenemen naar huis en in hun dagelijks leven willen toepassen.

Neem hiervoor een paar minuten, want de positieve sfeer is erg aanstekelijk en als mensen zich goed hebben gevoeld, zijn ze in de wolken. Dit is het moment om elkaar een hug te geven en afscheid te nemen - met een verlangen naar nog veel meer van de verbinding die ze zojuist hebben ervaren.

In Een Notendop

De Connectie Cirkel is het sleutelelement in het Integraal Onderwijs. Het staat voor een geest van verbondenheid en gelijkheid en presenteert een methode waarbij alle mensen zich zelfverzekerd, vol vertrouwen en vooral verbonden kunnen voelen. Verbinding is het doel van de cirkel omdat de hele werkelijkheid verbonden is en alleen de mensheid zich afgescheiden voelt. Deze afscheiding is de oorzaak van al onze pijn. De CC is een methode om onze verbondenheid en de grote voordelen die daarmee gepaard gaan, te onthullen.

In dit hoofdstuk konden we niet alles over de CC bespreken, maar konden we wel presenteren wat deze methode te bieden heeft. Als je regelmatig CC's wilt begeleiden, ben je welkom op http://integral-society.com/, je kunt er deelnemen aan onze gratis workshops en deze speciale verbinding tot een deel van je leven maken.

HOOFDSTUK 8
VOORBEELD VAN EEN VOLLEDIGE CIRKELOPSTELLING

Nu we alle elementen van de cirkel hebben doorlopen, zijn we klaar om een complete line-up samen te stellen voor een CC met vrienden of familie (of beide). De line-up hieronder is een sjabloon die je naar eigen inzicht aan de omstandigheden kunt aanpassen, het is echter een complete line-up die je altijd kunt gebruiken wanneer er zich een gelegenheid voordoet.

Warming-up

Voor de gespreksleider: Het doel van de warming-up is om warmte te creëren en het ijs te breken. Je bent van harte welkom om de spellen te gebruiken die we hierboven hebben voorgesteld, de spellen in deze line-up of andere activiteiten en spellen die mensen dichter bij elkaar brengen, zonder dat ze een gevoel van concurrentie oproepen.

Mogelijke Warming-Up spellen

1. Vingers aanraken: de deelnemers zitten in een cirkel, sluiten hun ogen en proberen met hun wijsvinger het midden te bereiken. Ze proberen alle wijsvingers in het midden van de cirkel te laten samenkomen zonder hun ogen te openen.

2. Tot tien tellen: Van één tot tien tellen zonder te beslissen wie welk getal zegt en zonder iets te vragen door visuele aanwijzingen. Slechts één persoon mag een getal zeggen, dus als twee mensen tegelijkertijd een getal zeggen, wordt er opnieuw met tellen begonnen. Moeilijker versie: hetzelfde spel met gesloten ogen.

Introductie tot de Richtlijnen van de Cirkel

Leg uit dat de discussie bepaalde richtlijnen zal volgen om de warmte die we na de spelletjes voelen, te behouden en te versterken. Hier volgen ze:

1. Gelijkheid. In de cirkel is niemand belangrijker of minder belangrijk, iedereen is gelijk en heel erg belangrijk! Begin de discussie met iemand die naast je zit en ga in de afgesproken volgorde de cirkel rond.

2. Bij het onderwerp blijven. Iedereen streeft ernaar om gefocust te blijven op het onderwerp.

3. Luisteren. We spreken alleen als het onze beurt is, zonder andere deelnemers te storen. We luisteren aandachtig naar de persoon die aan de beurt is om te spreken, en we proberen de mening van die persoon te voelen en te begrijpen alsof we die persoon zijn. We doen dat naar iedereen toe!

4. Geen argumenten, kritiek of oordelen, zelfs niet als we het ergens niet mee eens zijn. Wanneer het onze beurt is, voegen we onze eigen visie toe. Zie de discussie als een verwarmend vuur tijdens een koude nacht in het bos. Alle deelnemers werken mee om het vuur brandend te houden en ieder voegt zijn of haar stuk hout toe aan het vuur. De stukjes kunnen heel verschillend zijn, maar ze dragen allemaal bij aan het gemeenschappelijke doel om het warme vuur brandend te houden.

5. Tijdslimiet. In het ideale geval duurt het niet langer dan een minuut voordat een spreker de 'fakkel' doorgeeft aan de volgende spreker.

Vragen Stellen

Op dit punt maak je een statement waar iedereen zich waarschijnlijk mee kan identificeren en stel je er een paar vragen over. Meestal kan je het beste beginnen met een algemene vraag en daarna doorgaan met meer specifieke, persoonlijke vragen, zoals in het onderstaande voorbeeld.

Stelling: Niets in onze wereld wordt door één persoon gemaakt. Bij elk product en elke dienst waar we gebruik van maken, zijn veel mensen betrokken, we hebben ook vrienden en familie nodig.

Vragen

1. Wat zouden mensen naar anderen voelen als ze zouden begrijpen dat hun persoonlijk geluk en succes volledig van hen afhankelijk is?

2. Hoe gedragen mensen zich in een samenleving waarin iedereen de onderlinge afhankelijkheid erkent?

3. Beschrijf je leven alsof je in een wereld leeft waarin iedereen verantwoordelijkheid voor elkaar draagt.

4. Kan je één of meer manieren bedenken om dit positieve gevoel vaker in je leven te implementeren?

5. (Ervan uitgaande dat de cirkel succesvol was) Hoe denk je nu over de mensen in de cirkel vergeleken met hoe je over hen dacht voordat de cirkel begon?

De Cirkel Afsluiten

Dit is het deel waarin mensen hun emoties delen. Let op hoe het aansluit op de laatste vraag in de cirkel. Als alles natuurlijk verloopt, laat het delen van indrukken dan gewoon een natuurlijk verlengstuk zijn van de laatste vraag.

Je kunt dit deel ook 'spelen' door te suggereren dat we een wensspel spelen, waarbij je aan elke deelnemer vraagt om één of twee vragen te beantwoorden, zoals: "Wat wens ik mezelf en ons allemaal toe (voeg iets relevants toe, bijv. voor "het nieuwe jaar")? Of "Wat neem ik vandaag uit deze cirkel mee, welke gedachten, indrukken of emoties?"

Vergeet tenslotte niet je vrienden te bedanken voor het meedoen aan deze cirkel en verwijs ze naar http://integral-society.com/ waar ze nog veel meer cirkels en gerelateerd materiaal kunnen vinden, evenals live cirkels om aan mee te doen.

HOOFDSTUK 9
AAN DE RONDE TAFEL

"Aan een ronde tafel is iedere zitplaats aan het hoofd van de tafel"

Duits gezegde

Het derde en meest gecompliceerde middel dat wordt gebruikt bij het Integraal Onderwijs voor volwassenen is het Rondetafel (RT) discussie format. Als je problemen moet oplossen die meer met systeemproblematiek te maken hebben, problemen die niet zo geschikt zijn voor CC's, zoals een conflict tussen buurtbewoners en de gemeenteraad, tussen verschillende etnische groepen of tussen conflicterende religieuze groeperingen die bij elkaar in de buurt wonen, is de RT discussie-vorm geschikt. Natuurlijk is een goede wil van de kant van de conflictpartijen wenselijk in deze situaties, maar de RT is een geweldige manier om de bereidwilligheid om dingen uit te werken optimaal te benutten.

Kortom, het RT-format is een meer gespecialiseerde vorm van verbindingscirkels. Net zoals bij de CC probeert men geen compromis te vinden waarmee iedereen kan leven, maar gaat het erom dat mensen dichterbij elkaar komen door een nieuwe verbinding te vinden, boven het conflict uit. Deze tool helpt bij het creëren van een nieuwe band tussen mensen door hun conflict in een perspectief te plaatsen waarin het ofwel gemakkelijk opgelost kan worden, of men simpelweg het gevoel heeft dat het niet meer bestaat, dan hoeft het ook niet meer uitgezocht te worden.

Om een beter idee te krijgen van wat ik bedoel als ik zeg "met elkaar verbinden boven iets uit", het volgende voorbeeld: denk eens aan een stel dat al twintig jaar gelukkig getrouwd is. Na twee decennia samen te hebben gewoond, kennen ze elkaars sterke en zwakke kanten beter dan die van zichzelf. En toch, als ze allebei het gevoel hebben dat de sterke kanten van de partner aanzienlijk zwaarder wegen dan de zwakke kanten, blijven ze heel graag bij elkaar. In zo'n geval beschouwen ze de fouten van de echtgenoot als 'specerijen' die smaak toevoegen aan het gerecht dat hun huwelijk is. Op vrijwel dezelfde manier helpen RT's ons om vijanden en rivalen uit het verleden als bondgenoten en vrienden te gaan zien, door die plek te gaan ontdekken waar we iets gemeenschappelijks hebben dat veel belangrijker voor ons is dan het punt waar we het niet mee eens zijn.

De Ronde Tafel - Erfgoed van Vrede, Gelijkheid en Onbaatzuchtige Liefde

De Ronde Tafel als symbool van gelijkheid en vriendschap bestaat al eeuwenlang. De Ridders van de Ronde Tafel van Koning Arthur werden in Wace's *Roman de Brut* genoemd (1155). Volgens Wace had Arthur, koning van Groot-Brittannië, een ronde tafel, dus gemaakt in de vorm van een cirkel omdat een cirkel geen hoofd heeft, dit betekent dat iedereen die aan zo'n tafel zit een gelijke status heeft. Aan zo'n tafel kwamen de ridders van koning Arthur tot hun beslissingen door middel van overleg en instemming, en niet door de superioriteit van een status.

Maar de ridders waren niet alleen verplicht om elkaar als gelijken te behandelen. Om bij Koning Arthur's Ridders van de Ronde Tafel te horen, moest je je aan een morele code houden die tot de dag van vandaag een rolmodel is van sociale ethiek. Ze moesten zich aan drie richtsnoeren houden: de liefde tot God, de liefde tot de mens en nobele daden.

In de opdracht die koning Arthur aan zijn ridders gaf, ging hij dieper in op de praktijken die van hen verwacht werden: het werd de ridders verboden om boos te zijn, te moorden, verraad te plegen, wreed te zijn, slechtgemanierd of grof. Ze mochten ook niet deelnemen aan veldslagen of ruzies die niet in het belang van de wereld waren. En tenslotte, maar niet minder belangrijk, waren ze verplicht om altijd vriendelijk te zijn voor vrouwen en meisjes en hen altijd te helpen. En alsof deze lijst van verplichtingen niet voldoende is, de ridders van de koning waren verplicht om altijd hun woord te houden en genadig te zijn voor iedereen die om genade vroeg. Ze mochten ook niet trots zijn want, om de missie van koning Arthur te citeren: "grote trots ... veroorzaakt groot verdriet."

De cirkel in het Ronde Tafel-embleem symboliseert de gelijkheid, eenheid en kameraadschap van de Orde. Na verloop van tijd kreeg het concept van de Ronde Tafel een minder nobel en meer werelds karakter, maar tot op de dag van vandaag weerspiegelt de morele code van de Ridders van de Ronde Tafel wat velen zouden moeten beschouwen als de sociale waarden van een ideale samenleving.

Met dit erfgoed in gedachten was het niet meer dan logisch om de naam 'Ronde Tafel' te kiezen voor een discussie-vorm die exact hetzelfde resultaat beoogt als wat koning Arthur hoopte te bereiken met zijn ridders: gelijkheid, eenheid en kameraadschap.

Hoe de (hedendaagse) RT werkt

Het RT-discussie format dat we gebruiken, houdt van uitdagingen. Hoe groter het conflict tussen de partijen die aan tafel zitten is, hoe beter de 'kandidaat' geschikt is voor een succesvolle RT-discussie. Raciale geschillen - geen probleem; religieuze spanningen - laat maar komen; gendergelijkheid - een fluitje van een cent voor de RT's.

Tot op heden hebben wij de RT's vrijwel overal ter wereld toegepast. New York en San Francisco, Toronto, Frankfurt en Neurenberg, Rome, Barcelona, St. Petersburg en Perm (Rusland) zijn slechts enkele van de vele plaatsen waar deze vorm van discussie is toegepast, allemaal met hetzelfde overweldigende succes.

In Israël heeft de Arvut-beweging (wederzijdse garantie) RT-discussies gevoerd in meer dan 100 steden, zowel in steden als in Joodse en Arabische nederzettingen. Het overweldigende succes van het RT-discussie format trok de aandacht van de voormalige Israëlische president, Shimon Peres, die een dergelijke discussie organiseerde in de presidentiële residentie, terwijl er tegelijkertijd in het hele land 1.000 andere RT's werden gehouden. In een video waarin RT-evenementen in New York en Toronto te zien zijn, kun je zien hoe een RT-discussie eruitziet en enkele reacties horen van mensen die meededen.

Om te kunnen begrijpen waarom de RT zo'n succesvol format is, moeten we de loop van de discussie begrijpen. Zoals ik al eerder opmerkte, is het doel van het samenzijn niet om verschillen met elkaar te verzoenen en ook niet om compromissen te sluiten. In plaats daarvan is het doel om een gemeenschappelijke noemer te vinden die boven de conflicten en geschillen uitgaat. Het resultaat van het vinden van een dergelijke gemeenschappelijkheid is, dat de omstreden onderwerpen plotseling veel minder belangrijk lijken dan voorheen, ze verbleken in vergelijking met de eenheid en de warmte die de deelnemers nu naar elkaar voelen. Soms verdwijnen deze conflicten volledig als gevolg van de RT. Als er na de besprekingen nog steeds onopgeloste problemen zijn, kunnen nieuwe oplossingen, dankzij het pas ontdekte *gemeenschappelijke* belang, in een sfeer van goed vertrouwen gemakkelijk worden gevonden.

In de geest van gelijkheid wordt ook het publiek bij de discussie betrokken, dit gaat als volgt: Rond de hoofdtafel zit een panel van mensen met verschillende, vaak tegenstrijdige achtergronden en agenda's. Het publiek zit niet in rijen, maar ook aan ronde tafels, omdat alle aanwezigen actief deelnemen aan de discussie. De gespreksleider van het evenement noemt het onderwerp van de discussie en de panelleden geven hun mening daarover.

Vervolgens stelt het publiek vragen aan de panelleden en een of meer van hen beantwoorden ze. Net als bij de CC's, mogen panelleden de mening van de andere panelleden niet omlaaghalen, bekritiseren of zich bemoeien met wat zij zeggen. Persoonlijke kritiek is ook ten strengste verboden. Op deze manier kunnen de panelleden ongestoord hun mening geven en hoort het publiek verschillende opvattingen die niet tegenover elkaar staan, maar elkaar aanvullen.

Daarna stelt de gespreksleider vragen aan het publiek dat al aan de ronde tafels zit en iedereen gaat erover in discussie. De discussie

wordt op dezelfde manier gehouden en in dezelfde geest als het panel al heeft laten zien. In deze fase vormt elke tafel zijn eigen gezichtspunten over de vragen door te discussiëren volgens dezelfde regels als bij een CC:
1) Gelijkheid, 2) Bij het onderwerp blijven, 3) Naar de anderen luisteren, 4) Geen kritiek, 5) Een tijdslimiet aanhouden.

Tenslotte komen de tafels weer samen voor een algemeen overleg, presenteert elke tafel zijn conclusies en de indrukken van het evenement als geheel. Net zoals de deelronde in de CC, is deze fase erg belangrijk omdat het publiek nu alle inzichten in zich op kan nemen, of in ieder geval een groot deel ervan, afhankelijk van het aantal tafels dat aan het evenement deelneemt.

De RT-Discussie-Vorm
Ontwikkeling

In 2012 publiceerde de Economische Afdeling van het ARI Institute een boek met de titel: *The Benefits of the New Economy: Resolving the global economic crisis through mutual guarantee (De Voordelen van de Nieuwe Economie: het oplossen van de wereldwijde economische crisis door wederzijdse garantie)*. Daarin wordt de RondeTafel gepresenteerd als een middel om sociale en economische kwesties op te lossen op een manier die sociaal bezien veel rechtvaardiger is, en op een wijze die een veel breder maatschappelijk draagvlak zal krijgen.

Misschien zijn er andere manieren om te discussiëren op een manier die onze onderling verbonden samenleving werkelijk vertegenwoordigt, maar de RT is er zeker één die ik aanraad als een middel om geschillen op te lossen. Albert Einstein zei dat "de grote problemen waarmee we worden geconfronteerd niet kunnen worden opgelost vanuit het denkniveau dat gebruikt werd toen we ze creëerden." Juist omdat dit waar is, is de enige manier waarop we onze problemen kunnen oplossen er bovenuit te stijgen, precies zoals het RT-format werkt.

De Cirkel Rond Maken

We kunnen heel duidelijk zien dat de manier waarop we proberen de economische problemen, waarmee onze wereld wordt geconfronteerd, op te lossen niet effectief is. We zullen met een nieuwe manier van denken moeten komen, en die nieuwe manier zal moeten ontstaan vanuit de huidige staat van de mensheid, die in de kern verbonden en geïntegreerd is.

Dit geldt eveneens voor onze sociale problemen. Als we proberen om het ene probleem op te lossen, zal er weer een ander probleem ontstaan. Uiteindelijk zijn er zoveel sociale crises om ons heen, dat we wel gedwongen worden om onze strategie te heroverwegen. Op dit punt gekomen, zullen we ons realiseren dat we racisme, migrantenrechten, armoede, onrechtvaardige inkomensverdeling, ongelijke kansen in het onderwijs en elk ander probleem niet kunnen oplossen als we ons alleen daarop focussen, alsof het een geïsoleerd probleem zou zijn. Alleen als we onze hele samenleving zien als één totale entiteit die op elk gebied genezing nodig heeft, zullen we weten hoe we onze beslissingen kunnen prioriteren en rechtvaardig en met medeleven met al onze behoeften kunnen omgaan.
We hebben alle middelen die nodig zijn om in al onze vitale behoeften te voorzien, wat ons ontbreekt, is de goede wil om rechtvaardige beslissingen te nemen. Als we ons meer als een eenheid voelen, zullen we beslissingen nemen op een manier die werkelijk ons welzijn en geluk zal garanderen, in een rechtvaardige en duurzame samenleving.

NAWOORD

Het was een unieke ervaring om dit boek te schrijven. Het is niet eenvoudig om een boek te schrijven dat zowel een concept presenteert dat de uitdagingen in onze samenleving aanpakt, als praktische oplossingen biedt die we allemaal kunnen implementeren, zodat we succesvol kunnen omgaan met deze uitdagingen. Ik hoop dat de concepten van Integraal Onderwijs in ieder geval nu een beetje duidelijker zijn en beter toegepast kunnen worden in ons leven, omdat dit het doel is: ons leven gelukkiger, rijker en gemakkelijker maken door de kracht van verbinding te ervaren.

Het eerste deel van het boek beschrijft de 'harde gegevens' over de wereldwijde crises die we meemaken als gevolg van de zelfgerichte benadering van onze omgeving Het tweede deel presenteert een oplossing voor het probleem dat ons egoïsme ons voorlegt.

Er zijn veel boeken, en er zullen er nog veel komen, die de vinger leggen op het menselijk gedrag als oorzaak van de problemen van onze planeet en de problemen van onze wereldwijde samenleving. Over het algemeen suggereren deze boeken dat alles goed komt als we een meer duurzame houding aannemen.

Het is geen geheim dat ons gedrag naar elkaar en naar onze planeet betreurenswaardig is. Zoals ik echter in deel één heb opgemerkt, is ons gedrag naar mijn mening niets anders dan een weerspiegeling van onze aard. Daarom moeten we, als we ons gedrag willen veranderen, eerst onszelf veranderen van compleet egoïstische individuen tot mensen die de realiteit vanuit een meer evenwichtig perspectief benaderen.

Het probleem is dat, terwijl alle andere elementen van de realiteit zich instinctief aan de natuurwet van evenwicht of homeostase houden, wij mensen de keuze lijken te hebben gekregen om anders te handelen. We hebben de neiging om ons superieur te voelen aan alle andere elementen van de werkelijkheid en ons niet verbonden te voelen met onze medemensen. Het resultaat daarvan is ons zelfzuchtige gedrag.

Maar net zoals kankercellen zelfzuchtig gedrag vertonen en zichzelf uiteindelijk, samen met hun gast-organisme, vernietigen, exploiteert de mensheid de planeet en worden de kwetsbare bevolkingsgroepen uitgebuit alsof er geen morgen bestaat, we vergeten dat er, als we dit blijven doen, werkelijk geen morgen meer zal zijn. Dus de oplossing die ik hier aanbied, bestaat eruit dat we leren hoe je de realiteit vanuit een meer gemeenschappelijk perspectief kunt bekijken. Op deze manier kunnen we ons gedrag op een natuurlijke en moeiteloze manier veranderen in een evenwichtig model dat ons en onze kinderen in de toekomst zal ondersteunen.

Het hele tweede deel van dit boek is gewijd aan de presentatie van de basis voor Integrale Educatie (IE) voor volwassenen, in tegenstelling tot IE voor kinderen, dat wordt gepresenteerd in *The Psychology of the Integral Society* (*De Psychologie van de Integrale Samenleving*). Door de reikwijdte van dit boek kon ik alleen het topje van de ijsberg beschrijven. Er moet nog veel meer worden gedaan om een blijvende verandering teweeg te brengen, maar als we begrijpen *wat* we moeten veranderen, zullen we met elkaar de *juiste manier* vinden om het te doen.

Het ARI-Institute biedt veel materiaal om de hier gepresenteerde ideeën nader te onderzoeken en http://integral-society.com/ biedt een praktisch platform voor het ervaren van online cirkels en meer doe-het-zelf-materiaal voor de meer avontuurlijke lezers. Je bent van harte welkom om beide sites te verkennen en te genieten van de inhoud die wordt gedeeld in de geest van eenheid, gelijkheid en vriendschap aan de Ronde Tafel.

Het werk om de wereld te repareren is werkelijk geen kleine onderneming. Maar als we het samen doen, is succes gegarandeerd voor de hele mensheid, ten behoeve van onszelf en van onze kinderen.

Michael Laitman

OVER HET
ARI INSTITUTE

Doelstelling

Het ARI Institute is een non-profit organisatie die zich inzet voor het bevorderen van positieve veranderingen in het onderwijsbeleid en brengt dit in praktijk door innovatieve ideeën en oplossingen. Deze kunnen worden toegepast op de meest urgente educatieve kwesties van onze tijd. Het ARI Institute introduceert de nieuwe onderwijsmethode "Integraal Onderwijs" (IE), die middelen aanreikt om een onderling afhankelijke en verbonden wereld waar te maken. Via netwerken, activiteiten en multimediabronnen, bevordert het ARI Institute internationale en interdisciplinaire samenwerking.

Wat Wij Doen

Wij moedigen de actieve dialoog aan als een mogelijkheid om een positieve verschuiving in het mondiale denken mogelijk te maken. We geloven in het opleiden van toekomstige generaties, waardoor ze zullen kunnen omgaan met grote verschuivingen in het klimaat, de economie en geopolitieke relaties.

Onze onderwijsmaterialen zijn gratis en voor iedereen beschikbaar. Deze materialen laten het integrale, wereldwijde systeem van de natuurwetten zien die zich momenteel in de samenleving manifesteren. We zetten ons in om onze kennis op internationaal niveau te delen via onze gevestigde multimediakanalen. We zetten ons verder in om mensen bewuster te maken van de noodzaak om hun relaties te onderhouden in een geest van wederzijdse verantwoordelijkheid en persoonlijke betrokkenheid.

Onze Waarden

We leven allemaal in moeilijke tijden, we worden geconfronteerd met persoonlijke, ecologische en sociale crises. Deze crises doen zich voor omdat de mensheid zich niet bewust is van onze onderlinge verbondenheid en onze onderlinge afhankelijkheid, eveneens tussen de mensheid en de natuur.

Door aan de publiek informatie te verstrekken via een rijke mediaomgeving, fungeren we als een katalysator om het menselijk gedrag te veranderen naar een duurzamer model. We pleiten voor een oplossing voor de huidige, wereldwijde uitdagingen en promoten dit via onze unieke educatieve inhoud.

Door uitgebreid onderzoek en publieke activiteiten biedt het ARI Institute een duidelijke, coherente denkwijze over de natuurlijke ontwikkeling van de gebeurtenissen en de maatschappelijke achteruitgang, wat heeft geleid tot de huidige stand van zaken in onze globale, integrale wereld.

Onze Mening Over Economie

De wereldwijde uitdagingen zijn noch financieel, noch economisch, noch ecologisch. De uitdagingen omvatten veelmeer onze hele beschaving en alle gebieden van het leven. Daarom moeten we zoeken naar de oorzaak ervan en die gemeenschappelijke oorzaak aanpakken: onze egocentrische aard.

Wij zijn van mening dat een oppervlakkige verandering in de samenleving geen blijvende resultaten zal opleveren. Allereerst moeten we onze onderlinge verbindingen transformeren van egocentrisme naar altruïsme. Dit is het principe waarmee integrale systemen werken, en nu ontdekken we dat de menselijke samenleving eveneens zo'n systeem is.

OVER DR. MICHAEL LAITMAN
Oprichter van het ARI Institute

Dr. Laitman is de hooggekwalificeerde oprichter van het ARI Institute. Hij is professor Ontologie en Kennistheorie, heeft een PhD in Filosofie en is MS in Medische Cybernetica. Het ARI Institute heeft afdelingen in Noord-Amerika, Centraal- en Zuid-Amerika, Azië, Afrika en West- en Oost Europa.

Dr. Laitman wijdt zich aan het bevorderen van positieve veranderingen in het onderwijsbeleid en de praktijk ervan, en past dit toe op de meest urgente sociale en educatieve problemen van onze tijd. Hij stelt een nieuwe benadering van educatie voor waarbij de leefregels in een onderling afhankelijke en onderling verbonden wereld geïmplementeerd worden.

Een Gids voor het Leven in een Geglobaliseerde Wereld

Dr. Laitman geeft specifieke richtlijnen voor de manier van leven in onze steeds technologischer verbonden wereld. Zijn frisse perspectief raakt alle gebieden van het menselijk leven: sociaal, economisch en ecologisch, met een bijzondere nadruk op het onderwijs. Hij schetst een nieuw, wereldwijd onderwijssysteem, gebaseerd op universele waarden, om een samenhangende samenleving te creëren in onze opkomende realiteit, waarin alles nauw met elkaar verbonden is.

In zijn ontmoetingen met mevrouw Irina Bokova, directeur-generaal van UNESCO en dr. Asha-Rose Migiro, voormalig adjunct-secretaris-generaal van de VN, sprak hij over de huidige wereldwijde onderwijsproblemen en gaf hij zijn visie op de oplossing. Dit cruciale onderwerp bevindt zich momenteel in een proces van grote veranderingen.

Dr. Laitman benadrukt de urgentie om te profiteren van nieuw beschikbare communicatiemiddelen en om rekening te houden met de unieke ambities van de hedendaagse jeugd, zodat zij voorbereid kunnen worden op hun bestaan in een zeer dynamische, mondiale wereld.

Dr. Laitman heeft de afgelopen jaren nauw samengewerkt met vele internationale instellingen en heeft deelgenomen aan verschillende internationale evenementen: in Tokio met de Goi Peace Foundation, in Arosa (Zwitserland), Düsseldorf (Duitsland), en aan het International Forum of Cultures in Monterrey (Mexico). Deze evenementen werden georganiseerd met de steun van UNESCO. In deze wereldwijde forums heeft hij bijgedragen aan cruciale discussies over de mondiale crisis en de stappen uiteengezet die nodig zijn om een positieve verandering te creëren door middel van een grotere mondiale bewustwording.

Dr. Laitman kon en kan gevolgd worden via de internationale media, waaronder *The New York Times, Huffington Post, Corriere della Sera, de Chicago Tribune, de Miami Herald, The Jerusalem Post, The Globe*, RAI TV en Bloomberg TV.

Hij wijdt zijn leven aan het onderzoeken van de menselijke natuur en de samenleving, op zoek naar antwoorden op de zin van het leven in onze moderne wereld. De combinatie van zijn academische achtergrond en zijn uitgebreide kennis, maken hem tot een gewilde werelddenker en spreker.
Dr. Laitman heeft meer dan 40 boeken geschreven die in 18 talen zijn vertaald, allemaal met het doel om individuen te helpen om met elkaar en met de natuur harmonie te bereiken. Zijn wetenschappelijke benadering stelt mensen van alle achtergronden, nationaliteiten en religies in staat om boven hun verschillen uit te stijgen en zich te verenigen rond de wereldwijde boodschap van wederzijdse verantwoordelijkheid en samenwerking.

VERDER LEZEN

The Psychology of the Integral Society (De Psychologie van de Integrale Samenleving) presenteert een revolutionaire benadering van het onderwijs. In een onderling verbonden en afhankelijke wereld is het onderwijzen aan kinderen om te concurreren met hun leeftijdsgenoten net zo 'slim' als aan de linkerhand te leren om de rechterhand te slim af te zijn. Een integrale samenleving is een samenleving waarin alle onderdelen bijdragen aan het welzijn en het succes van die samenleving. De samenleving is op haar beurt verantwoordelijk voor het welzijn en het succes van mensen en zo wordt de onderlinge afhankelijkheid gevormd. In een geglobaliseerde, geïntegreerde wereld is dit de enige verstandige en *duurzame* manier van leven.

In dit boek worden in een reeks dialogen tussen de professoren Michael Laitman en Anatoly Ulianov de principes van een verrassende benadering van het onderwijs belicht.
De afwezigheid van competitie, de opvoeding van kinderen door middel van de sociale omgeving, gelijkheid tussen leeftijdsgenoten, het belonen van degenen die altruïstisch zijn en een dynamische samenstelling van groepen en instructeurs, zijn slechts enkele nieuwe concepten die in dit boek worden geïntroduceerd.
De psychologie van de Integrale Samenleving is een must-have voor iedereen die een betere ouder, een betere leraar en een beter mens wil worden in de geïntegreerde realiteit van de 21e eeuw.

"Wat in 'De Psychologie van de Integrale Samenleving' tot uitdrukking komt, moet mensen aan het denken zetten over nieuwe mogelijkheden. Bij het oplossen van een moeilijk probleem moeten alle gezichtspunten worden verkend. We besteden zoveel tijd aan competitie en we zijn altijd uit op het behalen van voordeel; het concept van simpelweg samenwerken, klinkt op zichzelf al baanbrekend."

Peter Croatto, ForeWord Magazine

De Cirkel Rond Maken

The Benefits of the New Economy:
Resolving the global economic crisis
through mutual guarantee (De voordelen van de Nieuwe Economie:
De Wereldwijde Economische crisis oplossen door wederzijdse garantie)

Heb je je ooit afgevraagd waarom, ondanks alle inspanningen van
de beste economen ter wereld, de economische crisis niet ophoudt?
Het antwoord op die vraag ligt bij ons allemaal. De economie is
een weerspiegeling van onze relaties. Door een natuurlijke
ontwikkeling is de wereld een geïntegreerd mondiaal dorp
geworden waarin we allemaal van elkaar afhankelijk zijn.

Onderlinge afhankelijkheid en 'globalisering' betekenen dat wat er
in één deel van de wereld gebeurt elk ander deel beïnvloedt.
Daarom moet een oplossing voor de wereldwijde crisis de hele
wereld omvatten, want als slechts één deel wordt genezen, zullen
andere delen, die nog steeds ziek zijn, het genezen deel weer ziek
maken.

De Voordelen van de Nieuwe Economie is geschreven uit bezorgdheid
over onze gezamenlijke toekomst. Het is het doel van dit boek om
een beter inzicht te krijgen in de huidige economische onrust: de
oorzaken ervan, hoe het probleem kan worden opgelost en het
verwachte resultaat. De weg naar een nieuwe economie ligt niet in
het heffen van nieuwe belastingen, het bijdrukken van geld of een
remedie uit het verleden. De oplossing ligt daarentegen bij een
samenleving waarin iedereen elkaar steunt door wederzijdse
garantie. Dit creëert een sociale omgeving van zorg en aandacht, en
het besef dat we *met elkaar* zullen stijgen of dalen, omdat we
allemaal afhankelijk zijn van elkaar.

Dit boek bevat dertien 'op zichzelf staande' essays die in 2011 zijn
geschreven door verschillende economen en financiers uit
verschillende disciplines. Elk essay behandelt een specifiek
probleem en kan als een op zichzelf staande eenheid worden
gelezen. Eén thema verbindt ze echter met elkaar: het ontbreken

De Cirkel Rond Maken

van wederzijdse garantie als oorzaak van de problemen in onze mondiaal-geïntegreerde wereld.

U kunt deze essays lezen in een volgorde naar keuze. Wij, de auteurs, denken dat als u ten minste een paar essays leest, u een vollediger beeld krijgt van de vereiste transformatie om de wereldwijde crisis op te lossen en een duurzame, welvarende economie te creëren.

A Guide to the New World (Een Gids voor de Nieuwe Wereld)

Waarom bezit 1% van de wereldbevolking 40% van de rijkdom? Waarom leveren onderwijssystemen slecht opgeleide kinderen af? Waarom bestaat er honger? Waarom zijn er nog steeds landen waar menselijke waardigheid en sociale rechtvaardigheid niet bestaan?

We verlangen er allemaal naar om ons veilig te voelen, onze buren te vertrouwen en een goede toekomst voor onze kinderen te garanderen. Hiervoor moeten we allemaal leren hoe we voor iedereen kunnen zorgen en moeten we wederzijdse garantie toepassen: iedereen staat garant voor elkaars welzijn. *Een gids voor de nieuwe wereld* werd geschreven om ons te helpen de weg naar die wereldwijde transformatie op een vreedzame en aangename wijze te effenen.

Connected by Nature's Law (Verbonden door de Natuurwet)

Dit is een innovatief boek over sociaal bewustzijn. Het boek biedt een alomvattend beeld van de werkelijkheid en beschrijft het proces dat de mensheid doormaakt, het biedt de mogelijkheid om deze middelen in ons voordeel te gebruiken tijdens de grote persoonlijke en sociale veranderingen die we doormaken.

Het boek biedt een 'gezondheidsprogramma voor de mensheid' aan door de banden tussen ons op alle niveaus - familie, gemeenschap, nationaal en internationaal - te verstevigen. Hoe eerder we het programma implementeren, hoe eerder we merken dat we genieten van een rustig, gelukkig en zinvol leven.

Self-Interest vs. Altruism in the Global Era: how society can turn self-interests into mutual benefit (Eigenbelang versus Altruïsme in ons mondiale tijdperk: hoe de samenleving eigenbelang in wederzijds voordeel kan veranderen)

Eigenbelang versus Altruïsme in ons mondiale tijdperk beschouwt de uitdagingen van de wereld als noodzakelijke gevolgen van het groeiende egoïsme van de mensheid, en niet als een reeks fouten. Het boek biedt manieren aan om ons ego ten behoeve van de samenleving te gebruiken in plaats van het te onderdrukken. Het biedt een nieuw inzicht in de natuur en de mensheid als verschillende niveaus van het egoïsme; dan volgt er een beschrijving van de geschiedenis in vogelvlucht als een weerspiegeling van dat egoïsme, en tenslotte een beschrijving van de manier waarop we ons egoïsme kunnen gebruiken om onze sociale en politieke uitdagingen op te lossen, in plaats van ons collectieve huis erdoor te laten ruïneren, zoals we dat voorheen al zo vaak hebben gedaan.

NOTEN

1 An Address to the 2011 International Finance Forum by Christine Lagarde, Managing Director, International Monetary Fund, Beijing, November 9, 2011 (http://www.imf.org/external/np/speeches/2011/110911.htm)

2 D'Vera Cohn, Jeffrey Passel, Wendy Wang and Gretchen Livingston, "Barely Half of U.S. Adults Are Married – A Record Low," Pew Research Center (December 14, 2011), http://www.pewsocialtrends.org/2011/12/14/barely-half-of-u-s-adults-aremarried-a-record-low/?src=prc-headline

3 "National survey shows a rise in illicit drug use from 2008 to 2010," SAMHSA News Release (August 9, 2011), http://www.samhsa.gov/newsroom/advisories/1109075503.aspx 4 Albert R. Hunt, "A Country of Inmates," The New York Times (November 20, 2011), http://www.nytimes.com/2011/11/21/us/21iht-letter21.html?pagewanted=all

5 John Ebersole, "Top Issues Facing Higher Education In 2014," Forbes, (January 1, 2014), http://www.forbes.com/sites/johnebersole/2014/01/13/top-issues-facing-higher-education-in-2014/

6 National Rifle Association Institute for Legislative Action, "Firearm Fact Card 2011," http://www.nraila.org/Issues/FactSheets/Read.aspx?ID=83

7 Carol Cratty, "Gun sales at record levels, according to FBI background checks," CNN (December 28, 2011), http://edition.cnn.com/2011/12/27/us/record-gun-sales/index.html 152 Completing the Circle

8 Kate Kelland, "Nearly 40 Percent of Europeans Suffer Mental Illness," Reuters (September 4, 2011), http://www.reuters.com/article/2011/09/04/us-europe-mental-illness-idUSTRE7832JJ20110904

9 Toby Helm, "Most Britons believe children will have worse lives than their parents – poll," The Guardian (December 3, 2011), http://www.guardian.co.uk/society/2011/dec/03/britonschildren-lives-parents-poll
10 Henry Melvill, "Partaking in Other Men's Sins," an address at St. Margaret's Church, Lothbury, England (12 June 1855), printed in Golden Lectures (1855), often been misattributed to Herman Melville.

11 Ian Goldin, "Navigating our global future," TED (October 2009), http://www.ted.com/talks/ian_goldin_navigating_our_global_future.html

12 Gordon Brown speaks to the Lord Mayor's Banquet: http://www.labour.org.uk/lord_mayors_banquet

13 Anthony Giddens, Runaway World: How Globalization is Reshaping Our Lives (N.Y., Routledge, 2003), 6-7.

14 Javier Solana and Daniel Innerarity, "The New Grammar of Power," Project Syndicate (July 1, 2011), http://www.project-syndicate.org/commentary/solana10/English)

15 Ludger Kühnhardt "A Call for the United States to Rediscover Its Ideals," The Globalist (May 24, 2011), http://www. theglobalist.com/storyid.aspx?StoryId=9149

16 Pascal Lamy "Lamy underlines need for 'unity in our global diversity,'" World Trade Organization (WTO) (June 14, 2011), http://www.wto.org/english/news_e/sppl_e/sppl194_e.htm

17 Gregory Rodriguez, "Rodriguez: Zero-sum games in an interconnected world," Los Angeles Times (August 1, 2011), http:// articles.latimes.com/2011/aug/01/opinion/la-oe-rodriguez-zerosum-20110801

18 L'Oeil de La Lettre, "'Think We, Not Me or I'–The Dalai Lama," La Lettre, http://www.lalettredelaphotographie.com/entries/think-we-not-me-or-i-the-dalai-lama 153 Notes

19 Alice Calaprice, The New Quotable Einstein (USA: Princeton University Press, 2005), 206

20 Information extracted from the MIT Haystack Observatory, www.haystack.mit.edu/edu/pcr/.../3%20.../nuclear%20synthesis.pdf.

21 Werner Heisenberg, quoted by Ruth Nanda Anshen in Biography of an Idea (Moyer Bell, 1987), 224

22 G. Tyler Miller, Scott Spoolman, Living in the Environment: Principles, Connections, and Solutions, 16th Edition (U.S.A., Brooks/Cole, September 24, 2008), 15

23 Jean M. Twenge and W. Keith Campbell, The Narcissism Epidemic: Living in the Age of Entitlement (New York: Free Press, A Division of Simon & Schuster, Inc. 2009), 78

24 Jean M. Twenge and W. Keith Campbell, The Narcissism Epidemic, 1

25 Jean M. Twenge and W. Keith Campbell, The Narcissism Epidemic, 1-2

26 Tim Jackson, "Tim Jackson's economic reality check" TED (October 2010), http://www.ted.com/talks/lang/en/tim_jackson_s_economic_reality_check.html (min. 06:59)

27 Fiona Harvey, "World headed for irreversible climate change in five years, IEA warns," The Guardian (November 9, 2011), http://www.guardian.co.uk/environment/2011/nov/09/ fossil-fuel-infrastructure-climate-change

28 e360 digest, "Extreme Weather Events Likely Linked to Warming, IPCC Says" (November 1, 2011), http://e360.yale.edu/ digest/extreme_weather_events_likely_linked_to_warming_ ipcc_says/3195/

29 Natasha Geiling, "California's Drought Could Upend America's Entire Food System" (May 5, 2015), http://thinkprogress. org/climate/2015/05/05/3646965/california-drought-and-agriculture-explainer/

30 Ibid.

31 Ibid. 154 Completing the Circle

32 Ibid.
33 "Fishing, Why It Matters," WWF, http://www.worldwildlife.org/what/globalmarkets/fishing/whyit matters.html

34 Ian Sample, "Global food crisis looms as climate change and population growth strip fertile land" (The Guardian, August 31, 2007), http://www.guardian.co.uk/environment/2007/aug/31/ climatechange.food
35 "Water, Sanitation and Hygiene," UNICEF (December 21, 2011), http://www.unicef.org/wash/

36 Lester R. Brown, World on the Edge: How to Prevent Environmental and Economic Collapse (USA, W. W. Norton & Company, January 6, 2011), 16

37 Matthew Lee, "Hillary Clinton Raises Alarm on Rising Food Prices," Associated Press (May 6, 2011), published on cnsnews.com, http://cnsnews.com/news/article/hillary-clinton-raises-alarm-rising-food-prices

38 Ramy Inocencio, "World wastes 30% of all food," CNN (May 13, 2011), http://business.blogs.cnn.com/2011/05/13/30-ofall-worlds-food-goes-to-waste/

39 "Ethics And The Global Financial Crisis," interview with Michel Camdessus, uploaded to YouTube by romereports (April 1, 2009), http://www.youtube.com/watch?v=M3q8XFLDWIg

40 Steve Connor, "Warning: Oil supplies are running out fast," The Independent (August 3, 2009), http://www.independent.co.uk/news/science/warning-oil-supplies-are-running-outfast-1766585.html

41 Quoted in: Laszlo Solymar, Donald Walsh, Lectures on the electrical properties of materials, "Introduction" (UK, Oxford University Press, 1993), xiii

42 Martin Luther King, Jr. "Facing the Challenge of a New Age" (December, 1956), http://www.libertynet.org/edcivic/ king.html

43 Nicholas A. Christakis, James H. Fowler, Connected: The Surprising Power of Our Social Networks and How They Shape Our Lives -- How Your Friends' Friends' Friends Affect Everything You 155 Notes Feel, Think, and Do (USA, Little, Brown and Company, January 12, 2011), 305

44 Maria Konnikova, "Lessons from Sherlock Holmes: The Power of Public Opinion," Scientific American, "Blogs" (September 13, 2011), http://blogs.scientificamerican.com/guestblog/2011/09/13/lessons-from-sherlock-holmes-the-power-ofpublic-opinion/

45 Kavita Abraham Dowsing, PhD, and James Deane, "The Power of Public Discourse," http://wbi.worldbank.org/wbi/devoutreach/article/1298/power-public-discourse

46 Source: Saul Mcleod, "Asch Experiment," Simply Psychology, 2008, http://www.simplypsychology.org/asch-conformity.html

47 "Thanks for the Memories," an experiment in false memories conducted by Prof. Yadin Dudai and Micah Edelson of the Institute's Neurobiology Department, together with Prof. Raymond Dolan and Dr. Tali Sharot of University College London (released August 29, 2011), http://wis-wander.weizmann.ac.il/ thanks-for-the-memories

48 Erich Fromm, The Art of Loving (U.S.A., Harper Perennial, September 5, 2000), 13 49 Eryn Brown, "Violent video games and changes in the brain," Los Angeles Times (November 30, 2011), http:// www.latimes.com/health/boostershots/la-heb-violent-videogame-brain-20111130,0,6877853.story

50 Following the July 22, 2011 attack on Norwegians by a Norway native: "Report: Norwegian Retailer Pulls Violent Games In Wake Of Attack," DigiPen Institute of Technology (July 29, 2011), http://www.gamecareerguide.com/industry_news/36185/report_norwegian_retailer_pulls_.php

51 David Jenkins, "Mass Shooting In Germany Prompts Retailer To Drop Mature-Rated Games," Gamasutra (March 20, 2009), http://www.gamasutra.com/news/production/?story=22839

52 University of Michigan Health System, "Television and Children," http://www.med.umich.edu/yourchild/topics/tv.htm
156 Completing the Circle

53 Martin Buber, philosopher and educator, A Nation and a World: Essays on current events, trans. from Hebrew: Chaim Ratz (Israel, Zionistic Library Publications, 1964), 220

54 George Monbiot, "The British boarding school remains a bastion of cruelty," The Guardian (January 16, 2012), http:// www.guardian.co.uk/commentisfree/2012/jan/16/boarding-school-bastion-cruelty. Note: While this story addresses the problems of schools in the U.K., the data it gives of the state of Texas schools is no less alarming.

55 Victoria Burnett, "A Job and No Mortgage for All in a Spanish Town," The New York Times (May 25, 2009), http://www. nytimes.com/2009/05/26/world/europe/26spain.html?pagewante d=all

56 Andy Sernovitz, Word of Mouth Marketing: How Smart Companies Get People Talking, Revised Edition, (U.S.A. Kaplan Press, February 3, 2009), 4

57 Clive Thompson, "Are Your Friends Making You Fat?", The New York Times (September 10, 2009), http://www.nytimes. com/2009/09/13/magazine/13contagion-t.html?_r=1&th&emc=th

58 (ibid.)

59 (ibid.)

60 (ibid.)

61 "Nicholas Christakis: The hidden influence of social networks" (a talk, quote taken from minute 17:11), TED 2010, http:// www.ted.com/talks/nicholas_christakis_the_hidden_influence_ of_social_networks.html 62 Rob Crossley, "Will workplace

robots cost more jobs than they create?" (June 30, 2014),
http://www.bbc.com/news/ technology-27995372

63 Ulrich Beck, The Brave New World of Work (USA, Polity, 1
edition, January 15, 2000), 2

64 Thomas L. Friedman, "The Earth is Full," The New York
Times (June 7, 2011),
http://www.nytimes.com/2011/06/08/opinion/08friedman.html?s
cp=1&sq=the%20earth%20is%20full%20
thomas%20friedman&st=cse 157 Notes

65 Adir Cohen, The Gate of Light: Janusz Korczak, the educator
and writer who overcame the Holocaust (USA, Fairleigh
Dickinson Univ Press, Dec 1, 1994), 31

66 Lawrence B. Ebert, On guys who know things: Einstein was a
patent clerk, sort of... (July 18, 2009), http://ipbiz.blogspot.
co.il/2009/07/on-guys-who-know-things-einstein-was.html

67 David W. Johnson and Roger T. Johnson, "An Educational
Psychology Success Story: Social Interdependence Theory and
Cooperative Learning," Educational Researcher 38 (2009): 365,
doi: 10.3102/0013189X09339057

68 Johnson and Johnson, "Educational Psychology Success
Story," 368

69 Johnson and Johnson, "Educational Psychology Success
Story," 371

70 (ibid.)
71 For more on education, see Appendix 1: The Mutual
Guarantee–Educational Agenda 72 Christine Lagarde, "The Path
Forward—Act Now and Act Together," International Monetary
Fund (IMF) (September 23, 2011),
http://www.imf.org/external/np/speeches/2011/092311. htm

73 "Minority Rules: Scientists Discover Tipping Point for the Spread of Ideas," SCNARC (July 26, 2011), http://scnarc.rpi.edu/content/minority-rules-scientists-discover-tipping-point-spread-ideas
74 Appears in "The Oneness of Mind," as translated in Quantum Questions: Mystical Writings of the World's Great Physicists, edited by Ken Wilber (USA, Shambhala Publications, Inc., Revised edition, April 10, 2001), 87

75 Mohamed A. El-Erian, "The Anatomy of Global Economic Uncertainty," Project Syndicate (November 18, 2011), http://www.project-syndicate.org/commentary/elerian11/English

76 Albert Einstein, Alice Calaprice and Freeman Dyson, The Ultimate Quotable Einstein (USA, Princeton University Press, October 11, 2010), 476 158 Completing the Circle

77 Efrat Peretz, "We Must Prepare for a World of Equal Revenue Sharing," trans. Chaim Ratz, Globes (October 18, 2011), http://www.globes.co.il/news/article.aspx-?QUID=1057,U1319062129813&did=1000691044

78 Dr. Joseph E. Stiglitz, "Imagining an Economics that Works: Crisis, Contagion and the Need for a New Paradigm," The New Palgrave Dictionary of Economics Online (min 1:36), http://www.dictionaryofeconomics.com/resources/news_lindau_meeting

79 "Fischer on Fed's Toolbox," CNBC Video (August 25, 2011), http://video.cnbc.com/gallery/?video=3000041703#eyJ2aWQiOi IzMDAwMDQxNzAzIiwiZW5jVmlkIjoiZ2FJT0RCZmJpdmhY QzZZNUxTNTZwdz09IiwidlRhYiI6ImluZm8iLCJ2UGFnZSI6 MSwiZ05hdiI6WyLCoExhdGVzdCBWaWRlbyJdLCJnU2VjdC I6IkFMTCIsImdQYWdlIjoiMSIsInN5bSI6IiIsInNlYXJjaCI6IiJ9 (min 2:50)

80 Hal R. Arkes and Catherine Blumer, "The Psychology of Sunk Cost," Organizational Behavior and Human Decision Processes 35, 124-140 (1985), http://www.google.com/url?sa=t&rct=j&q=&esrc=s&source=web&cd=1&sqi=2&ved=0CCUQFjAA&url=http%3A%2F%2Fcommonsenseatheism.com%2Fwp-content%2Fuploads%2F2011%2F09%2FArkes-Blumer-The-psychology-of-sunk-cost.pdf&ei=Uy4cT8v1KdDsOci89JkL&usg=AFQjCNFE8XVozdwg8RW_kdmY2LfgvVMDZQ&sig2=2NzX5HvZjbct06MbtqPqXw

81 Erik Schatzker and Mary Childs, Bill Gross: The Amount of Money I'll Give Away 'Is Staggering, Even to Me', Bloomberg Business (May 12, 2015), http://www.bloomberg.com/news/articles/2015-05-12/gross-gives-away-700-million-on-way-to-donating-fortune

82 Richard McGill Murphy, "Why Doing Good Is Good for Business," CNN Money (February 2, 2010), money.cnn.com/2010/02/01/news/companies/dov_seidman_lrn.fortune/

83 https://www.youtube.com/watch?v=WJ29_0hVE8w

84 Albert Einstein, Alice Calaprice and Freeman Dyson, The Ultimate Quotable Einstein (USA, Princeton University Press, October 11, 2010), 476 159

De Cirkel Rond Maken

Contact Informatie
Inlichtingen en algemene informatie: info@ariresearch.org

USA
2009 85th St., Suite 51
Brooklyn NY, USA -11214
Tel. +1-917-6284343

Canada
1057 Steeles Avenue West
Suite 532
Toronto, ON – M2R 3X1 Canada
Tel. +1 416 274 7287

Israel
12 Rabash St.,
Petach Tikva, 4934829 Israel
i.vinokur@ariresearch.org
Tel. +972-545606780